大力汽修学院指定培训教材

汽车电控发动机
构造·原理·分析·诊断·维修

曹晶 编著

QICHE DIANKONG FADONGJI
GOUZAO YUANLI FENXI ZHENDUAN WEIXIU

U0319463

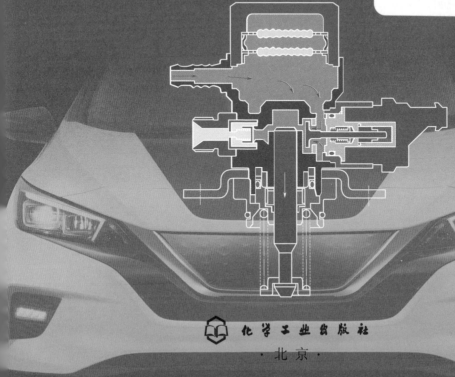

化学工业出版社
·北京·

内 容 简 介

本书内容共二十八章，依次介绍了汽车发动机机械系统、发动机电控系统供电逻辑、5V基准电压供电逻辑、发动机进气系统、进气压力传感器、L型空气流量计、涡轮增压系统、电子节气门、怠速控制系统、进气歧管燃油喷射系统、缸内直喷系统、空燃比燃油修正原理、四线普通氧传感器工作原理、A/F传感器与宽频氧传感器、燃油修正数据流分析、混合气过浓数据流分析、混合气过稀数据流分析、点火系统基本原理、常见点火线圈电路结构、点火反馈系统、磁电式与霍尔式曲轴信号、VVT系统与配气相位、常见车型VVT控制部件、配气相位故障诊断、可变气门升程控制、有害气体的产生与控制、发动机冷却系统、电子扇控制电路。

本书为全彩色印刷，图片精美丰富、内容通俗易懂、案例丰富真实、数据准确可靠，适合初中级汽车维修工、汽车电工使用，也可作为汽车类职业技术院校师生教学和自学的参考书及相关企业的培训用书。

图书在版编目（CIP）数据

汽车电控发动机：构造·原理·分析·诊断·维修 / 曹晶编著.
—北京：化学工业出版社，2021.8
ISBN 978-7-122-39108-7

Ⅰ.①汽…　Ⅱ.①曹…　Ⅲ.①汽车 - 电子控制 - 发动机 - 构造②汽车 - 电子控制 - 发动机 - 故障诊断③汽车 - 电子控制 - 发动机 - 车辆修理　Ⅳ.①U472.43

中国版本图书馆 CIP 数据核字（2021）第 087479 号

责任编辑：黄　滢　张燕文　　　　　　　装帧设计：王晓宇
责任校对：张雨彤

出版发行：化学工业出版社（北京市东城区青年湖南街13号　邮政编码100011）
印　　装：北京瑞禾彩色印刷有限公司
710mm×1000mm　1/16　印张17　字数232千字　2021年7月北京第1版第1次印刷

购书咨询：010-64518888　　　　　　　售后服务：010-64518899
网　　址：http://www.cip.com.cn
凡购买本书，如有缺损质量问题，本社销售中心负责调换。

定　　价：108.00元

前言

一直以来，电控发动机维修在整个汽车维修工作中都是"重中之重"。而据笔者长期从事汽车维修培训和教学的经验来看，绝大多数的汽车维修人员，由于对汽车电控发动机的基本原理、构造等理论知识还缺乏深入的理解，对汽车发动机诊断维修的要领和技巧也缺乏系统的掌握，不能很好地驾驭。这就导致了他们在从事汽车维修工作两三年以后，常常会出现技术瓶颈，给维修工作带来困难。因此，还需要相关的理论书籍作指导，进一步提升理论知识和加强维修实践操作技能。为了帮助这类人员快速适应汽车维修工作岗位的需求，在化学工业出版社的组织下，特编写了本书。

本书主要是围绕电控发动机的构造原理和常见故障的诊断维修展开的。全书内容共二十八章，依次介绍了汽车发动机机械系统、发动机电控系统供电逻辑、5V 基准电压供电逻辑、发动机进气系统、进气压力传感器、L 型空气流量计、涡轮增压系统、电子节气门、怠速控制系统、进气歧管燃油喷射系统、缸内直喷系统、空燃比燃油修正原理、四线普通氧传感器工作原理、A/F 传感器与宽频氧传感器、燃油修正数据流分析、混合气过浓数据流分析、混合气过稀数据流分析、点火系统基本原理、常见点火线圈电路结构、点火反馈系统、磁电式与霍尔式曲轴信号、VVT 系统与配气相位、常见车型 VVT 控制部件、配气相位故障诊断、可变气门升程控制、有害气体的产生与控制、发动机冷却系统、电子扇控制电路。

本书为全彩色印刷，编写过程中努力做到图片精美丰富、内容浅显易懂，力求既适合初中级汽车维修工、汽车电工使用，也可作为汽车类职业技术院校师生教学和自学的参考书及相关企业的培训用书，对汽车维修感兴趣的私家车主和汽车驾驶员也可参阅。

本书由大力汽修学院创始人兼首席培训讲师曹晶结合日常教学和培训经验总结提炼后精心编写而成，限于笔者水平，书中疏漏之处在所难免，恳请广大读者批评指止。

编著者

目录

第一节　发动机简介　/ 3

第二节　曲柄连杆机构　/ 5

第三节　润滑系统　/ 12

第四节　气门机构　/ 19

第一章

**发动机
机械系统**

1

第一节　老款捷达主电源供给

　　　　系统　/ 25

第二节　发动机主继电器供电

　　　　系统　/ 26

第三节　发动机电脑供电故障

　　　　判断技巧　/ 28

第二章

**发动机电控
系统供电逻辑**

24

第一节　传感器 5V 基准电压

　　　　供电　/ 30

第二节　传感器信号电压过高

　　　　故障　/ 31

第三节　传感器信号电压过低

　　　　故障　/ 32

第三章

**5V基准电压
供电逻辑**

29

第四章
发动机进气系统

第一节　进气系统组成　/ 35
第二节　谐波增压　/ 38
第三节　可变进气管横截面　/ 39

34

第五章
进气压力传感器

第一节　进气压力传感器的
　　　　作用　/ 41
第二节　发动机进气歧管内真
　　　　空度如何变化　/ 42
第三节　进气歧管绝对压力
　　　　传感器的电路连接　/ 43

40

第六章
L型空气流量计

第一节　空气流量计的
　　　　作用　/ 47
第二节　电路与信号特点　/ 48
第三节　故障诊断　/ 50

46

第一节　涡轮增压机的作用　/ 54

第二节　涡轮增压机的工作

　　　　原理　/ 55

第三节　涡轮增压机的故障

　　　　诊断　/ 61

第七章

涡轮增压机系统

53

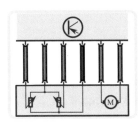

第一节　电子节气门的作用　/ 64

第二节　电子节气门的结构与

　　　　原理　/ 65

第三节　电子油门踏板　/ 67

第八章

电子节气门

63

第一节　怠速控制阀作用　/ 71

第二节　怠速电机电路结构　/ 73

第三节　节气门位置传感器　/ 79

第九章

怠速控制系统

70

第十章

进气歧管燃油喷射系统结构

82

第一节　燃油供给系统分类　/ 83

第二节　进气歧管燃油喷射
　　　　系统组成与各部件
　　　　的作用　/ 83

第十一章

缸内直喷系统

91

第一节　系统介绍　/ 92

第二节　系统结构　/ 93

第三节　控制电路　/ 98

第十二章

空燃比燃油修正原理

103

第一节　空燃比控制　/ 104

第二节　开环控制与闭环
　　　　控制　/ 106

第一节　氧传感器基本工作

　　　　原理　/ 108

第二节　氧传感器的故障

　　　　检测　/ 111

第十三章

四线式普通氧
传感器工作原理

107

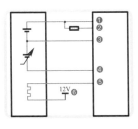

第一节　四线式 A/F

　　　　传感器　/ 118

第二节　五线式 A/F

　　　　传感器　/ 121

第十四章

A/F传感器与
宽频氧传感器

117

第一节　短期 / 长期燃油修正

　　　　数据　/ 126

第二节　各车型数据流特点　/ 126

第十五章

燃油修正
数据流分析

125

第十六章
混合气过浓数据流分析

第一节　混合气过浓故障表现与故障码　/ 134

第二节　故障点分析　/ 135

第三节　故障排除步骤　/ 138

133

第十七章
混合气过稀数据流分析

第一节　混合气过稀故障表现与故障码　/ 141

第二节　故障点分析　/ 141

第三节　故障排除步骤　/ 143

140

第十八章
点火系统基本工作原理

第一节　火花塞　/ 146

第二节　点火线圈基本工作原理　/ 149

145

第一节　三线式独立点火线圈
结构　/ 153

第二节　大众奥迪点火线圈电路
结构　/ 154

第三节　整体式点火线圈电路
结构　/ 157

第十九章

常见点火线圈电路结构

152

第一节　丰田带反馈点火
线圈　/ 161

第二节　爆震传感器与点火提
前角　/ 163

第二十章

点火反馈系统

160

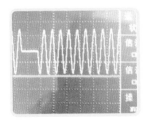

第一节　磁电式曲轴信号　/ 169

第二节　霍尔式曲轴信号　/ 173

第二十一章

磁电式与霍尔式曲轴信号

168

第二十二章

22

VVT系统与配气相位

180

第一节 配气相位 / 181

第二节 可变气门正时
原理 / 182

第三节 系统电路图 / 190

第二十三章

23

常见车型VVT控制部件

192

第一节 科鲁兹 LDE 发动机
VVT 机构 / 193

第二节 现代发动机 VVT
机构 / 195

第二十四章

24

配气相位故障诊断

199

第一节 配气相位常见故障
现象 / 200

第二节 配气相位故障诊断
流程 / 200

第一节　宝马可变气门升程
　　　　控制 / 203
第二节　奥迪可变气门升程
　　　　控制 / 207

第二十五章

可变气门
升程控制

202

第一节　有害气体排放
　　　　来源 / 213
第二节　汽油发动机有害气体
　　　　处理技术 / 215
第三节　国六排放标准下尾气
　　　　净化系统 / 221

第二十六章

有害气体的
产生与控制

212

第一节　普通带节温器冷却
　　　　系统 / 234
第二节　电子节温器冷却
　　　　系统 / 236
第三节　电子水泵控制式热管理
　　　　系统 / 240
第四节　双节温器式冷却
　　　　系统 / 241
第五节　旋转滑阀式热管理
　　　　系统 / 243

第二十七章

发动机
冷却系统

233

第二十八章

28

电子扇控制电路

247

第一节　温控开关控制式　/ 248

第二节　继电器控制式

　　　　电子扇　/ 249

第三节　占空比控制式

　　　　电子扇　/ 252

第四节　LIN 总线控制的

　　　　电子扇　/ 255

第一章
发动机机械系统

一台发动机（图1-1）就是一部热机，在其中通过燃油的周期性燃烧产生有效功。气缸中的活塞运动产生可调式燃烧室。空气燃油混合气在燃烧室内燃烧时产生压力，压力通过活塞和连杆转动曲轴并驱动车辆。可燃的空气燃油混合气可通过一个混合气形成装置产生。在汽油发动机（奥拓发动机）中，混合气的点火通过外源点火（火花塞）进行。在柴油发动机中，供给的燃油在被喷射到燃烧室内的热空气中时自动点火，人们称为自行点火。通过点火爆发释放出的热量被转换成一种动力来驱动活塞运动，而活塞又驱动曲轴，曲轴最后通过驱动系统驱动车辆的车轮。

图1-1　发动机

四冲程发动机工作原理如图1-2所示，其发明者是 Nicolaus August Otto（奥拓），他在1862年就已经开始了最初的四冲程发动机实验。1876年奥拓对其试验发动机测绘了一幅示功图，该示功图与今天的发动机在极高的程度上一致。四冲程汽油发动机也被按照其发明者的姓名称为奥拓发动机。

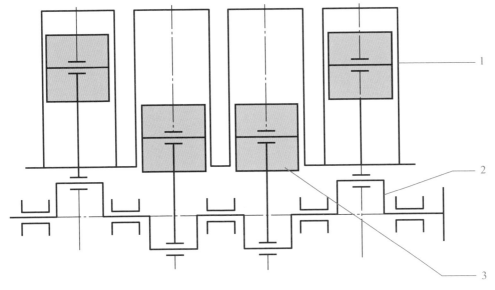

图 1-2　四冲程发动机工作原理

1—气缸；2—曲轴；3—活塞

第一节　发动机简介

在汽车维修中，电控发动机一直以来都是重中之重。本书主要就是围绕电控发动机的工作原理与常见故障检修展开的。为了更好地学习汽车电控发动机的检修技术，有必要对发动机的基本原理有一定的了解。

现在的汽油机一般都是四冲程，由活塞经历四个冲程来完成发动机的一个工作循环。发动机活塞分别经历了吸气、压缩、做功、排气四个冲程。

四冲程发动机的基本原理如图 1-3 所示。在第一冲程（吸气）中，进气门打开，活塞朝曲轴方向运动。通过燃烧室中存在的真空吸入空气燃油混合气（或在直接喷射汽油发动机上吸入新鲜空气），并在冲程结束时完全充满燃烧室。进气门自动关闭且活塞离开曲轴（第二冲程：压缩），这时空气燃油混合气被猛烈压缩。快要到达上止点（OT）前通过火花塞点燃混合气（点火时刻），燃烧室内的温度和压力急剧升高，活塞被很高的压力重新压向曲轴方向（第三冲程：做功）。在下止点（UT）上排气门打开，燃烧气体从燃烧室中排出（第四冲程：排气）。曲轴在四个冲程后总共旋转了720°（2整圈）。

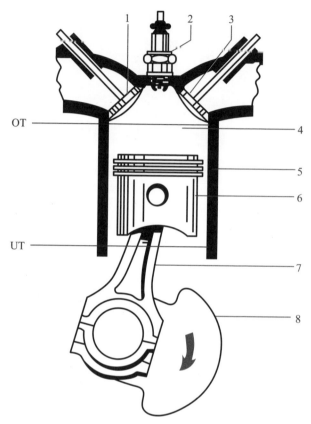

图 1-3　四冲程发动机的基本原理

1—进气门；2—火花塞；3—排气门；4—燃烧室；5—气缸；6—活塞；7—连杆；
8—曲轴；OT—上止点；UT—下止点

　　早先的发动机并没有电控系统，可燃混合气是通过化油器来形成的。化油器结构简单，但是控制精度低，并不能准确地根据发动机的需求提供合适的空燃比。其点火系统是一种由铂金制作而成的开关来控制点火线圈的初级断开和闭合，从而使点火线圈的次级产生高压电，再使用一个分电盘把高压电通过高压线引入各个气缸来点燃可燃混合气的。在这套系统中因为点火提前角不能大幅度精确控制，因此空燃

汽车电控发动机

构造·原理·分析·诊断·维修

比的控制也不够精确。

　　汽车技术发展经历了一个世纪，发动机的机械机构基本没有多大变化。真正的变化是在电子微机控制系统上面，由于加装了各种电子元器件，赋予了发动机"新的生命"，实现了精准的控制和检查工况过程的优化。这一系列的变化取决于电子工业的发展和计算机计算能力的提高。发动机的电子技术进步也就是近30年的变化经历了分油盘、单点喷射、多点喷射、缸内直喷、柴油共轨的过程。

第二节　曲柄连杆机构

　　曲柄连杆机构是发动机的基础部件也是发动机的核心部件，从启动、运转、做功到动力传递都在其中。本节主要介绍曲轴转角与曲轴传感器，为进一步学习发动机电控系统知识打下基础。

一、活塞

　　活塞是发动机中最重要的部件之一，它在气缸内做往复运动以完成吸气、压缩、做功、排气的过程。如图1-4所示，活塞从外观上看，主要是顶部（与气缸盖构成燃烧室）、头部（安装活塞环的位置）和裙部（保证活塞在气缸内做直线运动）。

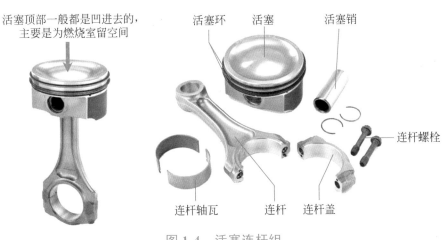

图1-4　活塞连杆组

活塞是一台发动机的传力部件链中的第一个链节。它是发动机中承受最高热和机械负荷的部件之一（在燃烧室内出现 1800～2600℃ 的高温和最高 17t 的作用力）。在做功冲程中活塞头吸收的热大部分通过活塞环区和气缸壁流出到冷却液中，此时总热量中通过活塞环流出的部分达 40%～70%。一小部分热在换气过程被传递到新鲜混合气中，到达活塞内壁上的润滑油或冷却油吸收其余热量并进行散热。用于活塞辅助冷却的结构装置是喷油冷却装置和专门安装的冷却通道。活塞冷态时的间隙和形状可能导致严重的活塞倾斜，从而引起噪声和磨损。因此为了改进运行性能，可在摩擦面涂上很薄的涂层，例如石墨。

活塞是发动机中故障率较低的一个部件，一般不容易出现故障。若出现故障一般是正时错误导致气门与活塞顶部接触顶坏活塞顶部。发动机润滑不足，活塞裙部与气缸壁干磨会出现拉伤，如果出现这种情况，需要更换活塞，同时更换气缸筒。

燃烧室的形状是工程师经过无数次试验得出的。一个合理的燃烧室形状能使气体在气缸内产生漩涡，这样就能使混合气充分混合。同时因为缸内直喷发动机其喷油嘴安装位置要保证能够直接向燃烧室喷射燃油，所以缸内直喷发动机的燃烧室形状更为重要。因此在更换或者重新安装活塞的时候，一定要注意活塞的安装方向。如果活塞安装方向不对或安装错误导致发动机的燃烧室形状发生变化，就会引起气缸工作就不良。另外现在很多发动机是基于一个平台生产的，但是其内部零件可能有区别，例如大众的 EA888 发动机系列就有很多不同的版本，所以在更换活塞的时候一定要注意活塞的外径是否与原车一致。

二、活塞环

活塞环用于活塞与气缸筒之间的密封，安装在活塞头部的活塞环槽内。活塞环必须紧靠在气缸壁和活塞环槽的侧沿上。活塞环的径向弹簧力加在气缸壁上，这样就能保证气缸的密封性。

一般汽油车有三道活塞环，从顶部开始数分别是第一道环、第二道环、第三道环。其中第一道环和第二道环叫做气环，用作气缸的密封；第三道环是一个组合环，它用于刮除气缸壁上多余的机油，以防止机油进入燃烧室造成发动机烧机油如图 1-5 所示。

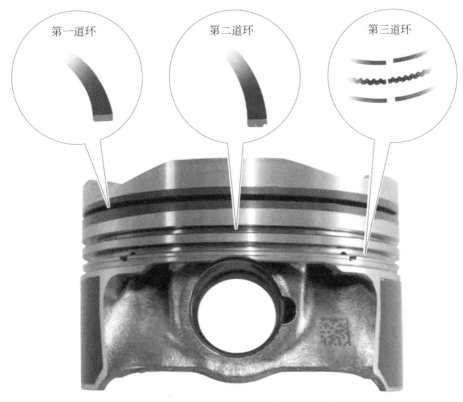

第一道环　　　　第二道环　　　　第三道环

图 1-5　带活塞销和活塞环的活塞

安装活塞环时要注意：三道环应分别错开 120°，且不能与活塞销位置对齐；同时要注意使用厚薄规测量活塞环的开口间隙，一般车型都为 0.25 ～ 0.45mm。

三、活塞销

活塞销（图 1-6）用于连接活塞与连杆，活塞销都是圆柱形销子，其作用除了连接活塞与连杆外，还可以同时把活塞承受气体的力传递给连杆。

图 1-6　活塞销

四、连杆

连杆（图 1-7）用于连接活塞和曲轴，将活塞的直线往返运动传递给曲轴，使曲轴做旋转运动。在维修工作中，我们需要注意的是发动机的所有连杆重量都应一致。特别是在更换连杆时一定要做称重测试，以防止发动机装好后出现共振现象。

图 1-7　连杆

1—油孔；2—铜套；3—连杆；4，5—曲轴小瓦；6—连杆瓦盖；7—连杆螺栓

五、曲轴飞轮组

如图 1-8 所示，曲轴和飞轮的主要作用是将来自活塞的动力转换为旋转运动，并保证旋转的平稳。

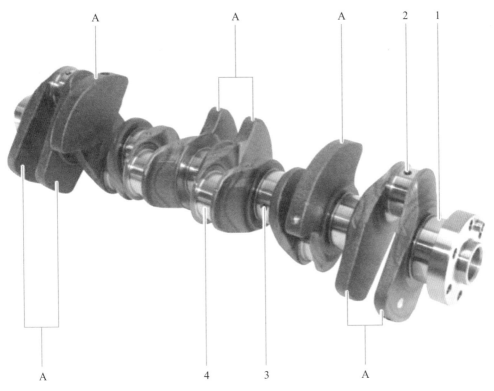

图 1-8　曲轴飞轮组

1—主轴颈；2—曲轴至连杆机油孔；3—主油道至曲轴油孔；4—连杆曲颈；A—平衡块

曲轴承受着来自连杆的力，将其转变为旋转转矩，通过曲轴的前后端驱动发动机上的附件以及将动力传递给变速箱用于驱动车轮。

飞轮位于曲轴的后端与变速箱结合处，飞轮的主要作用是储存发动机的动能，使发动机在非做功冲程中利用飞轮的惯性使曲轴继续旋转。同时飞轮上面还有一组齿轮用于将起动机的旋转力传递给发动机曲轴，使发动机从静止状态切换到启动状态。现代汽车的飞轮主要有三种结构。

1.普通飞轮

如图1-9所示,普通飞轮就是一个大圆盘,配重已经做好。飞轮在旋转时非常平稳,一般应用于手动挡车型,故障率非常低。

图1-9 普通飞轮

2.双质量飞轮

双质量飞轮是为了提高汽车的舒适度而研发的。双质量飞轮的质量由两部分组成,一部分为利用惯性继续为发动机克服非做功冲程的扭力;另一部分负责提高变速箱的惯量,从而使共振范围缩小,提高乘员舒适度。如图1-10所示。

双质量飞轮的故障率很高,一般出现故障都是因为主飞轮与次级飞轮之间的间隙过大(缓冲块磨损)导致的发动机抖动。

3.带液力变矩器飞轮

带液力变矩器的飞轮主要应用于自动变速器(AT)车型,因为液力变矩器本身重量很大,所以飞轮仅仅是固定液力变矩器与曲轴之间的一个部件。如图1-11所示。

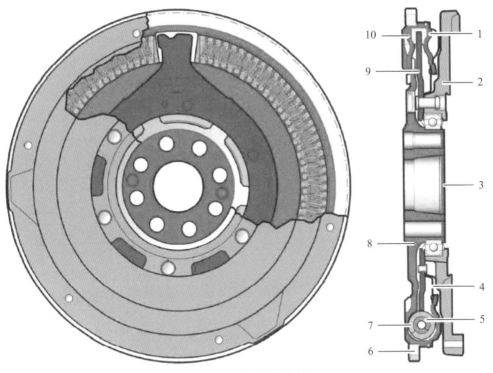

图 1-10　双质量飞轮

1—罩盖；2—次级飞轮；3—盖板；4—密封隔膜；5，7—弧形减振弹簧；6—齿圈；

8—主飞轮；9—轮毂凸缘；10—挡板

图 1-11　带液力变矩器飞轮

　　润滑系统是发动机正常工作必不可少的系统之一，它主要负责给各个部件润滑，并在各个运动部件表面形成一个油膜以减小摩擦阻力、降低发动机功率消耗、减小零部件磨损，提高发动机的可靠性与耐用性。现代汽车的发动机还会将机油作为液压油来使用，比如用机油来驱动配气相位执行器的动作以及气门间隙调整。如图1-12所示。

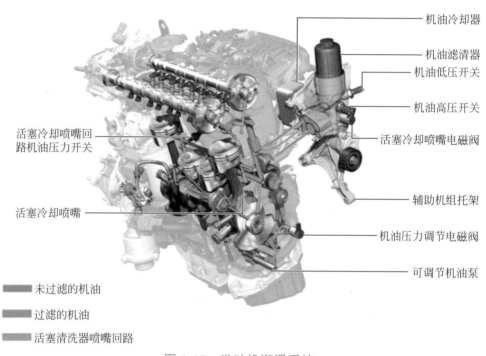

机油冷却器
机油滤清器
机油低压开关
机油高压开关
活塞冷却喷嘴电磁阀
辅助机组托架
机油压力调节电磁阀
可调节机油泵

活塞冷却喷嘴回路机油压力开关
活塞冷却喷嘴

■ 未过滤的机油
■ 过滤的机油
■ 活塞清洗器喷嘴回路

图1-12　发动机润滑系统

一、机油泵

　　机油泵用于把机油从油底壳中抽出并输送出来使其在发动机内部循环流动。机油泵一般都是齿轮泵结构，由曲轴直接驱动，如图1-13所示。

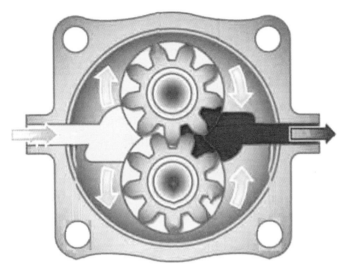

图 1-13　圆柱齿轮机油泵

常见发动机的机油压力几乎都是恒定的，一般为 1.5 ～ 3.5bar（1bar=10⁵Pa，下同），冷车压力偏高，最高可达 7bar，但是热车后压力会下降，下降最低不会低于 1.5bar，且压力随着发动机的转速升高而升高。依靠内部的限压阀来限制机油的最高压力，这样在高速时就造成了能源的不必要浪费。

现在一些新款发动机为了解决在高速时和低速时对于机油压力的需求不同，秉着节能减排的原则，发动机的机油压力为自调节式。例如大众的二代 EA888 发动机使用的就是该类型机油泵，下面以大众的这款机油泵为例进行详细讲解。

如图 1-14 所示是大众装配在 EA888 发动机上的自调节机油泵结构图，它的设计理念是：采用两个不同的压力，低压（相对）约为1.8bar；当发动机转速达到约 3500r/min 时则切换到高压，这时压力（相对）约为 3.3bar。压力调节是通过调节泵齿轮的供油量来实现的，这样就可以按机油冷却器和机油滤清器下游所需要的机油压力来精确地供给机油。机油循环是通过移动单元的轴向移动（即两个泵齿轮的相对移动）来实现的：如果两个泵齿轮正对着，那么这时的供油能力是最大的；如果泵的从动齿轮在轴向产生最大移动，那么这时的供油能力是最小的（输送的只是齿间挤出的机油）。也就是说，齿轮的位移越大，供油能力越弱。这个位移过程是通过将过滤完的机油的压力引到移动单元的前部活塞面上而实现的。移动单元的前部活塞面上还作用有压力弹簧力，移动单元的后部活塞面上一直加载着过滤完的机油的压力。

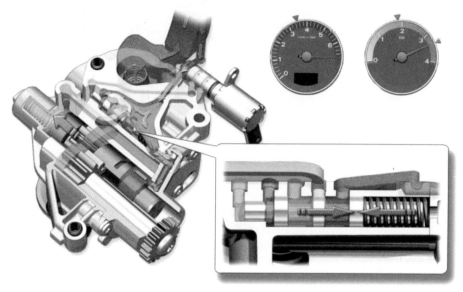

图 1-14　大众自调节机油泵

机油压力调节分为以下几个工作状态。

1.启动时的工作状态

发动机机油通过已滤清机油侧的压力孔，流过凸轮叶片单元的两侧，机油压力同时作用在凸轮叶片单元的两端。机油压力调节阀关闭，并使可开闭压力孔保持断开状态。凸轮叶片单元与控制活塞在弹簧的作用下，保持在压紧状态。凸轮叶片单元保持在该位置，齿轮的相对位置面积最大，该泵以最大输送率运行，直至达到低压力设定值（约为 1.8bar）。启动到发动机着车，机油压力电磁阀始终工作在未激活状态，发动机怠速稳定 5s 左右的时间，机油压力电磁阀激活。当发动机怠速运行时压力逐渐降低，机油压力防降开关会对机油压力进行检测并反馈给发动机控制单元，发动机控制单元控制机油压力调节阀对机油压力进行闭环控制，一方面防止压力过低对发动机造成损坏；另一方面，防止因压力过高，造成不必要的浪费。

2.怠速控制达到低压力设定值

怠速 5s 后，机油压力调节阀激活，压力迅速下降并稳定到 1.9bar 左右。发动机转速增加，机油压力稍微增加，从动轴齿轮相对于驱动轴齿轮做轴向移动，抵制调节弹簧弹力推动控制活塞，控制活塞向弹簧侧移动。通往凸轮叶片单元活塞正面的机油通道逐渐被关闭，对凸轮叶片单元活塞背面施加的机油压力超过了压缩弹簧的弹力。容积输送率降低并与发动机机油消耗量相匹配，通过调节容积输送率，机油压力保持在一个相对稳定的水平。

3.切换到高压力设定值之前的短暂时刻

切换到高压力设定值之前的短暂时刻，凸轮叶片单元逐渐被推向弹簧侧，控制活塞工作在调节状态。切换至高压力设定值的临界点，发动机转速约为 3500r/min 时，机油压力调节阀供电切断，可开闭压力孔关闭。机油压力与压缩弹簧共同作用的结果使凸轮叶片单元被推回，两个泵齿轮又一次几乎相互齐平，泵以最大输送率运转。凸轮叶片单元保持在该位置，直到机油压力达到大约 3.3bar。因为控制活塞的表面突然降低，调节弹簧弹力又起主导作用，所以控制活塞开始移动，直到打开通往凸轮叶片单元活塞正面的油孔为止。

4.切换至高压力设定值的临界点

系统在发动机转速约为 3500r/min 时切换到高压力设定值。为此机油压力调节阀切断供能，以致两个泵齿轮又一次几乎相互齐平，泵即以最大输送率运转。凸轮叶片单元保持在该位置，直到机油压力达到大约 3.3Bar。

5.达到高压力设定值

机油压力调节阀保持电源切断状态。升高的机油压力维持控制活塞和调节弹簧的平衡状态。随着发动机转速持续增加，凸轮叶片单元开始移动（同低压力设定值），系统切换到高压力设定值工作状态。在高压状态，机油压力调节阀始终断电，可开闭压力通道关闭。

相关过程如图 1-15 ～图 1-18 所示。

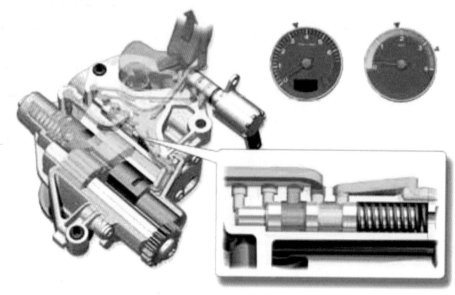

图 1-15 启动时的机油压力调节过程

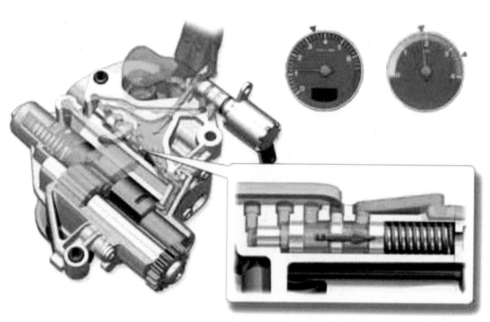

图 1-16 怠速时的机油压力调节过程

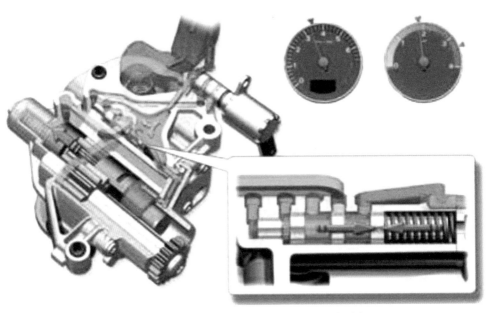

图 1-17　转速上升时的机油压力调节过程

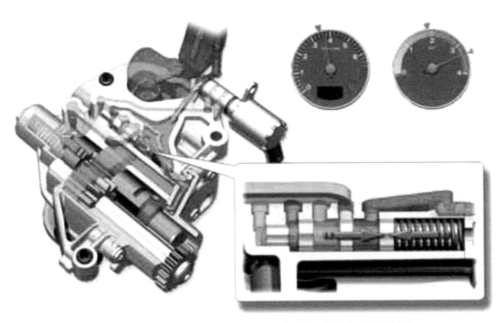

图 1-18　转速超过 3500r/min 时的机油压力调节过程

二、机油滤清器

机油滤清器大致有两种，一种是铁外壳的，一种是纸制的，其作用都是用来过滤机油中的杂质，防止机油主油道中有颗粒物进入对发动机产生磨损。安装位置都是从机油泵出口到主油道入口，也就是说所有的机油都会从机油滤清器中过滤一遍。

这里需要注意的是现在很多车型中机油滤清器是带有止回阀的，其作用是在发动机停转后防止机油滤清器中的机油排空导致下次启动时有一段时间干磨。严重的还会导致正时链条张紧器无机油压力，无法张紧导致启动时正时跳齿（一般行驶里程较多的车辆容易出现）。机油滤清器的构造原理如图1-19所示。

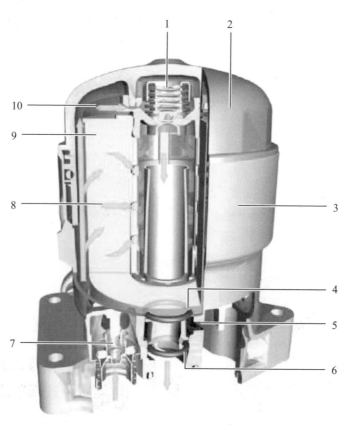

图1-19　机油滤清器的构造原理

1—机油滤清旁通阀；2—机油滤清盖端；3—机油滤清壳体；4,6—O形密封圈；5—用于机油的放油口；7—回油关断阀；8—机油流；9—机油滤清器；10—旁通阀

第四节　气门机构

四冲程发动机上用于控制换气的机构也称作气门机构，该机构包括凸轮轴、气门、连接元件和驱动装置，如图 1-20 所示。气门机构的任务是快速打开和关闭进气门及排气门。原则上凸轮轴通过曲轴驱动。在凸轮轴上有打开和关闭气门的凸轮。

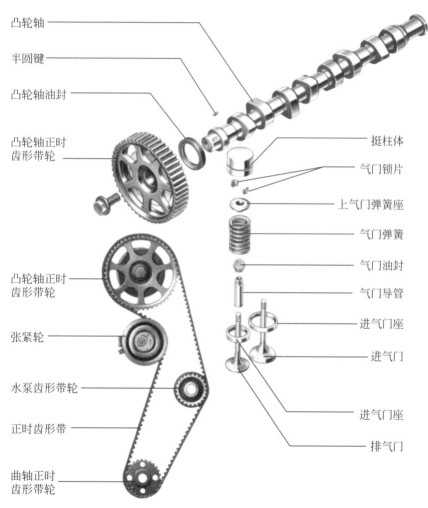

凸轮轴

半圆键

凸轮轴油封

凸轮轴正时齿形带轮

凸轮轴正时齿形带轮

张紧轮

水泵齿形带轮

正时齿形带

曲轴正时齿形带轮

挺柱体

气门锁片

上气门弹簧座

气门弹簧

气门油封

气门导管

进气门座

进气门

进气门座

排气门

图 1-20　气门机构

气门是热负荷和机械负荷高的部件。机械高负荷由燃烧压力产生，这会导致气门顶弯曲和在关闭时硬碰撞（冲击）。热高负荷由气门的大表面吸收来自燃烧室的热而产生。在气门中热量首先流向气门座，一小部分通过气门杆流向气门导管。进气门温度可达到 300 ～ 500℃，排气门温度可达到 600 ～ 800℃。

气门由凸轮轴驱动，或者通过中间摇臂驱动，因此摇臂或者凸轮轴与气门顶部之间就要留有一定的间隙。由于发动机在工作时温度较高，如果冷态下无间隙，那么高温状态下摇臂或者凸轮轴会把气门顶住，导致气门常开关闭不严。

气门间隙如图 1-21 所示。在留间隙的时候如果留得过大会导致发动机运行时气门声音过大，因此一般气门间隙在冷态时进气门为0.2mm，排气门为 0.3mm。

图 1-21　气门间隙

在调整时需要把凸轮轴的"桃心"偏离气门，使用厚薄规测量间隙。如不符合规定，可以调整螺钉来调整气门间隙，如图 1-22（a）所示。

如果是由凸轮轴直接驱动式，那么在气门上面就会安装一个气门顶桶，气门顶桶分为两种，一种是自调整式，一种是调整垫片式。

自调整式是通过机油压力调节的；而调整垫片式则需要人为调整，如图 1-22（b）所示。

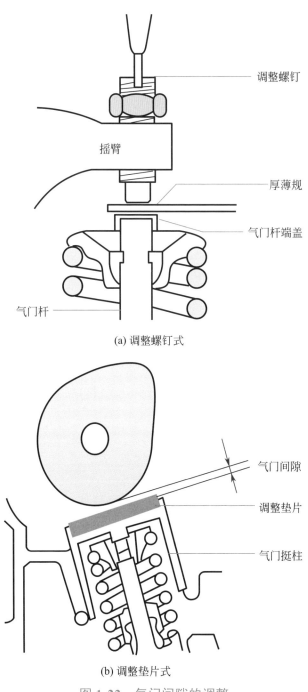

(a) 调整螺钉式

(b) 调整垫片式

图 1-22　气门间隙的调整

调整方法如下。

第一步：先使用厚薄规测量原车未调整状态下的气门间隙，并记录下来。如表1-1所示。

例如：

表1-1 气门间隙值（1）　　　　单位：mm

进气 1	进气 2	进气 3	进气 4	进气 5	进气 6	进气 7	进气 8
0.5	0.2	0.19	0.17	0.15	0.11	0.14	0.21

排气 1	排气 2	排气 3	排气 4	排气 5	排气 6	排气 7	排气 8
0.3	0.18	0.22	0.2	0.18	0.24	0.2	0.21

第二步：把需要调整的调整垫片取下来，无须调整的不用取。如表1-2所示。

注意：允许误差在0.05mm以内。

表1-2 气门间隙值（2）　　　　单位：mm

进气 1	进气 2	进气 3	进气 4	进气 5	进气 6	进气 7	进气 8
0.5	0.2	0.19	0.17	0.15	0.11	0.14	0.21
需要			需要	需要	需要	需要	

排气 1	排气 2	排气 3	排气 4	排气 5	排气 6	排气 7	排气 8
0.3	0.18	0.22	0.2	0.18	0.24	0.2	0.21
	需要	需要	需要	需要	需要	需要	需要

第三步：根据需要调整的气门拆下调整垫片。需要增大气门间隙就改薄垫片、减小气门间隙就增厚垫片的原理计算出需要垫片厚度。如表1-3所示。

例如：

表1-3 气门间隙值（3）　　　　单位：mm

进气 1	进气 2	进气 3	进气 4	进气 5	进气 6	进气 7	进气 8
0.5	0.2	0.19	0.17	0.15	0.11	0.14	0.21
275			285	280	275	270	

续表

排气 1	排气 2	排气 3	排气 4	排气 5	排气 6	排气 7	排气 8
0.3	0.18	0.22	0.2	0.18	0.24	0.2	0.21
	290	170	165	160	165	160	175

注：275 代表垫片厚度为 2.75mm，一般垫片厚度为 0.05mm 一个规格递增，下同。

第四步：根据计算公式"需要垫片厚度 = 原始垫片厚度 +（测量间隙 - 目标间隙）"计算出新垫片厚度。如表 1-4 所示。

例如进气 1：

原始垫片厚度为 2.75mm

测量间隙为 0.5mm

目标间隙为 0.2mm

目标垫片厚度 =2.75+（0.5-0.2）

=2.75+0.3

=3.05（mm）

表 1-4 气门间隙值（4） 单位：mm

进气 1	进气 2	进气 3	进气 4	进气 5	进气 6	进气 7	进气 8
0.5	0.2	0.19	0.17	0.15	0.11	0.14	0.21
275			285	280	275	270	
305			280	285	285	275	

排气 1	排气 2	排气 3	排气 4	排气 5	排气 6	排气 7	排气 8
0.3	0.18	0.22	0.2	0.18	0.24	0.2	0.21
	290	170	165	160	165	160	175
	310	180	175	170	170	170	185

第二章
发动机电控系统
供电逻辑

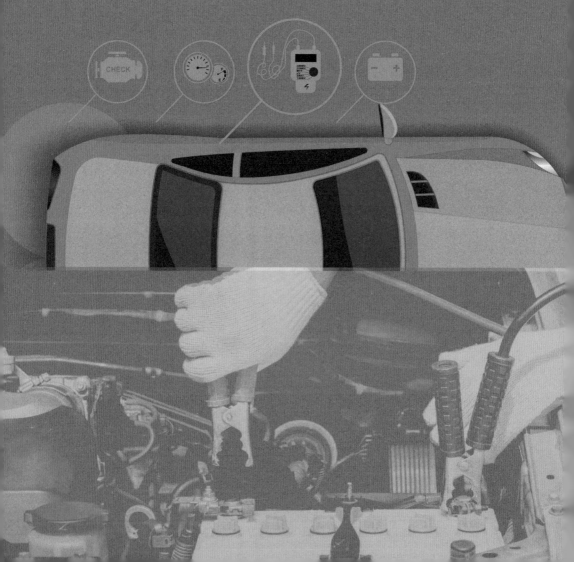

电控发动机的核心是发动机控制单元，在维修发动机无法着车的时候很多故障都是电源故障。发动机电脑的电源主要由主继电器供电，主继电器是由发动机控制单元控制的，发动机控制单元根据点火开关是否打开来确定是否闭合主继电器。当主继电器闭合后就会给发动机控制单元以及电控发动机的执行器（例如喷油器、点火线圈、氧传感器、VVT电磁阀等）供电。

第一节　老款捷达主电源供给系统

如图 2-1 所示是一个老款捷达的发动机供电电路，发动机电脑及发动机上的传感器和执行器基本都由"主供电继电器"供电。

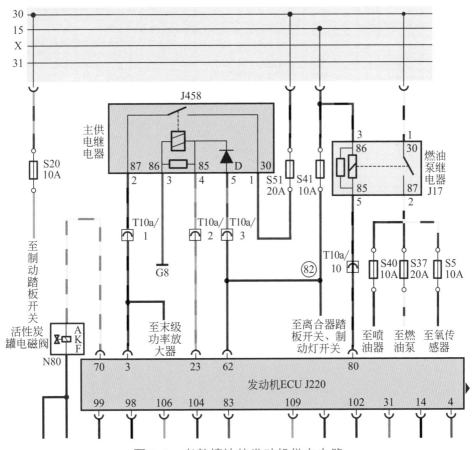

图 2-1　老款捷达的发动机供电电路

"主供电继电器" 1 号脚为常正极，2 号脚为正极输出，3 号脚为线圈负极，4 号脚为继电器的输出（ACC 电），5 号脚为来自点火开关的 ACC 电以控制继电器闭合。

打开点火开关，12V 电源正极经点火开关到主继电器的 5 号脚并同时供给发动机电脑的 62 号脚，12V 电源经过继电器内部的二极管后控制继电器线圈闭合，同时经过继电器的 4 号脚再次给发动机供电。继电器闭合后由 2 号脚输出 12V 正极。

第二节　发动机主继电器供电系统

如图 2-2 所示是一个别克英朗车型的发动机电脑供电电路，现在大部分汽车的发动机系统供电基本都是这样的控制逻辑。

发动机控制系统的所有执行器的供电都来自主继电器（有的有两个主继电器），其中包括点火线圈、各类电磁阀、氧传感器、VVT 电磁阀等。而主继电器受控于发动机电脑，在发动机电脑接收到 ACC 电后就会控制主继电器闭合。

从图 2-2 中可以看到发动机电脑 K20 的常正极为 X1 插头的 12 号脚、ACC 电源为 X1 插头的 14 号脚、搭铁线为 X2 插头的 73 号脚。当发动机电脑的常电源正常且收到了 ACC 电，那么就会通过 X1 插头的 16 号脚来控制主继电器闭合。主继电器闭合后开始给发动机控制系统供电，包括发动机电脑本身。

在大部分车型中发动机电脑都只需要满足常电源、ACC、搭铁正常就会控制主继电器闭合。少部分车型（例如别克英朗）还会有一个通信启用线，如果这根线没电，发动机电脑将不能正常工作。

主继电器闭合后会给发动机电脑供电，发动机电脑控制电子节气门以及输出 5V 基准电压都来自这个主继电器的供电，而部分系统除了有主机继电器以外还有一个单独的电子节气门供电。

汽车电控发动机

构造・原理・分析・诊断・维修

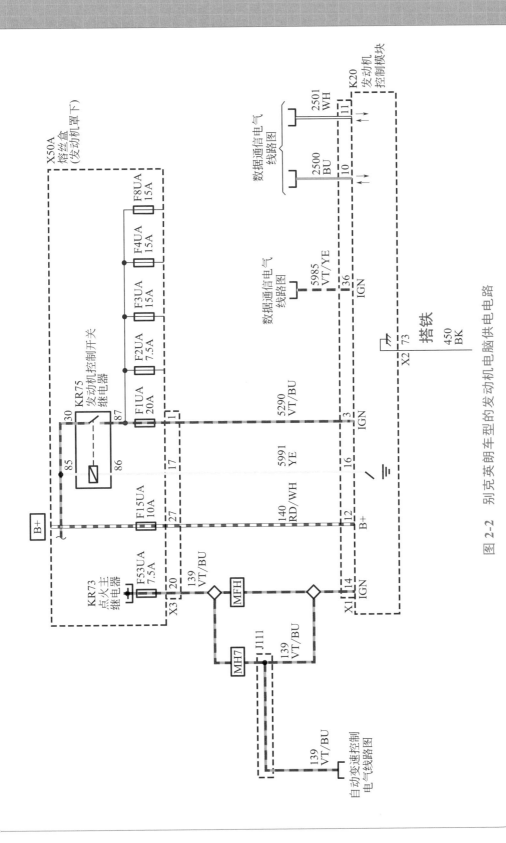

图 2-2 别克英朗车型的发动机电控系统供电电路

　　如果遇到一台发动机无法启动且解码器无法诊断，此时就可以怀疑因为主继电器没有闭合或者故障导致。按照以往的经验我们会找电路图去查询电脑的供电电路，但是在实际维修中可以直接检测喷油嘴或者点火线圈等由主继电器供电的执行器，就能快速判断主继电器是否有故障。如图 2-3 所示。

图 2-3　发动机电脑供电故障判断技巧

汽车电控发动机　构造·原理·分析·诊断·维修

第三章
5V 基准电压供电逻辑

当发动机电脑的主继电器闭合后，发动机电脑内部有一个电源电路负责把 12V 电压降低为 5V 给电脑本身以及外部传感器使用。5V 电源根据电控系统复杂程度不同可能会有几组，也有的是一组。个别车型还有传感器的基准电压是 3.3V 的（例如北京现代的节气门位置传感器）。如图 3-1 所示。

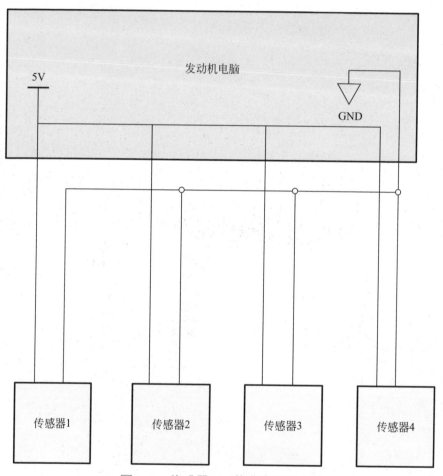

图 3-1　传感器 5V 基准电压供电

知道了传感器的供电逻辑，接下来看一下如果该电源出现故障，应该怎么处理。

第二节　传感器信号电压过高故障

在汽车电路维修中，经常能遇到关于传感器报信号电压过高的故障码。根据传感器的供电电路可以发现如果传感器的负极开路，则传感器失去负极而输出信号电压一直是5V。根据发动机电脑的故障监测逻辑，一般情况下电脑监测传感器有效信号电压范围是0.2～4.8V。超过4.8V电脑就会报信号电压过高的故障码。所以当传感器失去负极信号后电压变为5V，电脑就会留下故障码（信号电压过高）。

对于这一类故障，需要检查传感器的负极，如果负极线路没有开路，还需要检查信号线是否对正极短路，若没有，一般则是传感器损坏。

还有一种情况就是多个传感器同时报故障码（信号电压过高），这种情况一般是公共负极开路。根据笔者多年的维修经验，除了线路开路以外，更多的可能性是电脑内部的负极线被烧断。而导致负极线烧断的原因可能是某个传感器损坏使负极线短路到了12V电压中，比如故障率较高的是氧传感器内部短路把信号负极短路到了12V电源，从而烧毁电脑内部线路。还有一种情况就是修理工的误操作，使用大功率试灯接正极去验证传感器的负极是否是好的，这样操作极易损坏电脑。如图3-2所示是一个电脑内部负极线烧毁的维修图。

图3-2　电脑内部负极线烧毁的维修图

　　同理，如果传感器失去正极，则传感器的输出电压则一直是0V，那么电脑就会记录一条故障码（传感器信号电压过低）。在检修这类故障的时候，应该先检测传感器的电源是否正常，若正常，接下来先检测传感器的信号线是否对负极短路。如果没有问题，那么基本上可以判断是传感器本身的故障。

　　如果是多个传感器同时报故障码（信号电压过低），则应该是公共正极对地短路（5V电压对地短路不会烧电脑，只需要找到短路的地方恢复即可），短路点可能是某个传感器，也有可能是插头或者线路本身。在这里推荐一个简单的检测手法：先找到一个较为好测量的传感器，将万用表与传感器的电源接好，此时万用表应显示0V，接下来拔下有可能出现故障的传感器。拔掉传感器的同时注意观察插头是否进水氧化，直到万用表显示5V即代表该传感器内部短路导致的故障。如果全部拔完了还没有恢复，则可能是线路的故障，这时需要耐心检测。

　　是不是发动机电脑的12V供电缺失呢？答案是否定的，因为根据12V供电逻辑，只有发动机电脑的供电完好，主继电器闭合，发动机电脑才可以通信，这里读到了故障码，即代表通信是良好的，因此与5V和12V供电都没有关系。

　　如图3-3所示是一个上海通用科鲁兹发动机电脑的电路，可以看到该车发动机控制系统有两组5V供电，其中进排气凸轮轴位置传感器与空调压力传感器共用一组5V电源，空调压力传感器与曲轴位置传感器共用一组5V电源。在通用车型中如果某一路5V供电对地短路，电脑还会留下单独一个故障码，例如："5V 1参考电压"，这种故障码就是指5V 1这条线路的电压过低，是指对地短路。

汽车电控发动机　构造·原理·分析·诊断·维修

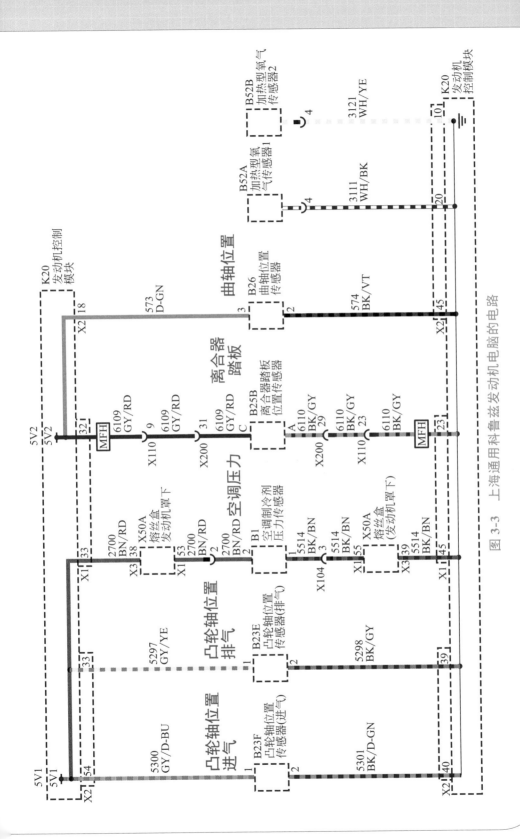

图 3-3 上海通用科鲁兹发动机电脑的电路

第四章
发动机进气系统

第一节　进气系统组成

一、空气滤清器

空气滤清器（图 4-1）的作用是过滤空气中的灰尘，保证所有进入发动机气缸的空气都是干净清洁的，以降低发动机的磨损。

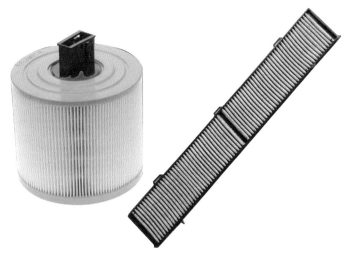

图 4-1　空气滤清器

二、进气软管

进气软管（图 4-2）是连接空气滤清器和节气门之间的管路。

图 4-2　进气软管

三、节气门

节气门（图4-3）的作用是对发动机的进气进行节流，以达到控制发动机转速的目的。

图4-3　节气门

节气门又分为电子节气门和普通拉线控制节气门。

四、进气歧管

进气歧管（图4-4）的作用是把空气均匀地分配给发动机各个气缸，且最好能保证在各个转速区域下发动机的进气都能做到最好的谐波增压效果以及气体流速都能较快，这样就可以让混合气充分混合。

在进气系统上除了这些以外还有一些传感器和执行器，将在后面的章节中逐一介绍。

现在很多汽车的发动机都是带涡轮增压的，那么带涡轮增压的车型其进气系统会多出一个增压机（图4-5）和一个中冷器（图4-6）。

图 4-4　进气歧管

图 4-5　增压机

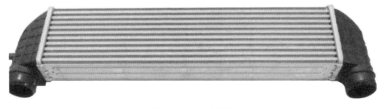

图 4-6　中冷器

发动机功率很大程度上取决于进气量，而谐波增压是增强进气量的方法之一。如图 4-7 所示。

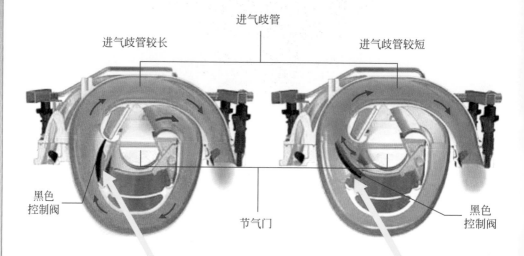

进气歧管

进气歧管较长　　　　　　　　　　　　　　　进气歧管较短

黑色控制阀　　　　　　　　　　节气门　　　　　　　　　黑色控制阀

低转速时，黑色控制阀关闭，进气歧管变长，增加进气的速度和气压，让汽油混合地更充分

高转速时，黑色阀门打开，进气歧管变短，气流绕开下部导管直接注入气缸，利于增大进气量

图 4-7　谐波增压

在发动机进气行程中，气体高速流入进气门，如果此时突然关闭进气门，则进气门附近的气体流动突然停止，但是由于惯性的作用，进气管仍在进气，于是进气门附近的空气被压缩，随后压缩气体被反弹出去。

以 6 缸发动机为例，点火顺序为 1-5-3-6-2-4，如果第 1 缸产生的反弹压缩气体反弹到第 5 缸进气门刚好打开的时候，那么对于第 5 缸来说这个空气来得正是时候，所谓的"增压"就是这个意思。

而第 1 缸气门关闭导致气体压缩且被反弹出去正好遇到第 5 缸进气门打开，这就要看发动机的转速和发动机的进气管长度了。

因此很多车型都应用了谐波增压技术，只不过在名称上叫法不同而已，叫可变进气管长度的多一些。

第三节　可变进气管横截面

　　发动机在进气的时候总是希望进气管的气体流速比较大且能形成
漩涡，因为这样可以使汽油和空气充分混合。为了达到这个效果，发
动机工程师们把进气管的形状做成了各种各样，对于某些车型，为了
使气体的流速始终都较大，还把进气管的横截面做成了可变的，这样
发动机在高速和低速的时候只要切换进气管的横截面就可以得到较好
的气体流速。如图 4-8 所示。

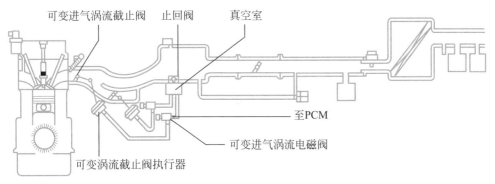

图 4-8　可变进气管横截面

第五章
进气压力传感器

第一节　进气压力传感器的作用

进气压力传感器（MAP）安装在节气门后方的进气歧管上，对于2000年以前的老车型，可能会安装在进气歧管附近，通过一根真空管与进气歧管连接。

如图 5-1 所示，进气压力传感器是发动机电控系统中一个重要的传感器，它直接检测发动机进气管内的压力变化，把它转变为电信号送给发动机电脑 ECM，ECM 根据此信号进行一系列控制。

图 5-1　进气压力传感器

一、控制喷油量

ECM 根据进气歧管绝对压力传感器提供的进气歧管压力信号和进气歧管温度信号计算进入发动机的进气质量，并以此为基准来确定所需的基本喷油脉宽。

二、检测发动机负荷

ECM 根据节气门位置传感器信号、进气歧管绝对压力传感器信号作为主要依据计算出发动机的负荷，并且它们之间可以相互监督，对比信号的一致性，以判断其中某个信号是不是存在故障。

三、修正点火提前角

由于进气歧管压力传感器在一定程度上可以反映出发动机当前的负荷，而点火提前角会因为发动机负荷变化而变化（负荷越大，点火提前角越小），因此进气歧管压力传感器对点火提前角起到了一定的修正作用。

四、计算海拔

当点火开关打开而发动机没有发动的时候，进气歧管内的压力就等于当前的大气压力，ECM会根据当前的大气压力计算出当前的海拔，并以此为依旧来修正发动机的喷油量与点火提前角。例如海拔高的地方ECM就会减小喷油脉宽，加大点火提前角。

第二节　发动机进气歧管内真空度如何变化

发动机运转时，因节气门节流及进气行程中活塞的抽气作用，就会在节气门后方、进气门前方的进气歧管内产生一定的真空度。进气歧管真空度也称为进气管负压，是外部大气压力与进气歧管内部的压力差值。

发动机正常工作的时候，其进气歧管内真空度的大小以及变化都有固定的范围和规律，发动机进气歧管真空度的高低与发动机工作的气缸数、转速、气缸密封性、点火性能、混合气浓度以及节气门开度等有关。若发动机进气歧管内的真空度偏离正常值，则意味着发动机存在相关故障。因此，检测进气歧管内的真空度大小以及变化，可以判断发动机多种故障。

在测量进气歧管真空度的时候，应使用机械式真空表来测量，如图5-2所示。应在发动机热车、无负荷时测量，测量位置为节气门后方的进气管上。随后观察发动机怠速时的真空度、2000r/min稳定工况时的真空度和急加速工况时的真空度。

图 5-2　机械式真空表

在不同的发动机转速下，可检测到不同数值的进气歧管真空度。在相当于海平面的高度下测量，发动机正常工作有怠速工况时，真空表的指针应在 51 ～ 71kPa 的某个数值（根据具体车型有所差异）稳定不动。当急加油的时候节气门迅速开启，进气歧管内的真空度应与一个大气压差不多；在急收油的时候由于节气门突然关闭，进气歧管内的真空度应大于怠速时的真空度且立刻回到怠速时的读数。

如果测量到的真空度读数不正常，应围绕发动机的气缸密封与配气相位以及混合气浓度来展开检查。

第三节　进气歧管绝对压力传感器的电路连接 ‹

常见的进气压力传感器电路如图 5-3 所示。传感器内部采用半导体压阻效应式压力传感器，其基本原理是将压力变化转变为电阻变化进而转变为电压变化传递给 ECM。

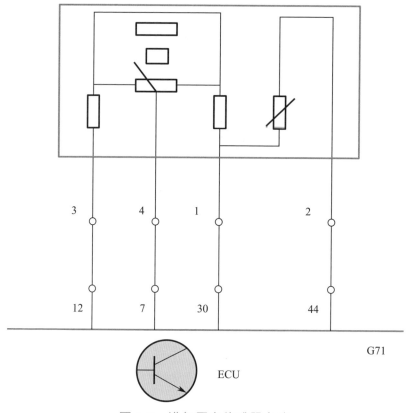

图 5-3　进气压力传感器电路

汽车电控发动机

构造 · 原理 · 分析 · 诊断 · 维修

进气歧管绝对压力传感器的电路一般由 4 条线组成，其中包含一个 5V 参考电源线、一根负极线、一个进气温度信号线、一个进气压力信号线。

进气歧管绝对压力传感器向 ECM 发送的是电压信号，其信号特点是信号电压随着进气歧管内的绝对压力升高而升高。电压变化范围为 0.45～4.8V。

常见进气歧管故障码与可能的故障原因如表 5-1 所示。

表 5-1　常见进气歧管故障码与可能的故障原因

故障码	含义	故障设置原因	可能的原因
P0105	进气歧管绝对压力传感器电路故障	ECM 检测到 MAP 信号电压超出校准范围	（1）MAP 传感器线路开路 （2）MAP 传感器失效

故障码	含义	故障设置原因	可能的原因
P0106	进气歧管绝对压力传感器性能故障	ECM 检测到进气歧管绝对压力传感器与节气门开度、发动机转速之间不合理	（1）MAP 传感器故障 （2）配气相位故障 （3）节气门位置故障
P0107	进气歧管绝对压力传感器信号电压过低	ECM 检测到 MAP 传感器信号低于下限值	（1）MAP 传感器故障 （2）MAP 信号线开路 （3）MAP 传感器 5V 基准电压故障
P0108	进气歧管绝对压力传感器信号电压过高	ECM 检测到 MAP 信号电压高于上限值	（1）MAP 传感器故障 （2）MAP 传感器负极开路
P0109	进气歧管绝对压力传感器间歇性故障	ECM 检测到 MAP 传感器信号电压突然变化	（1）MAP 传感器故障 （2）MAP 传感器线路故障 （3）ECM 故障

第六章
L型空气流量计

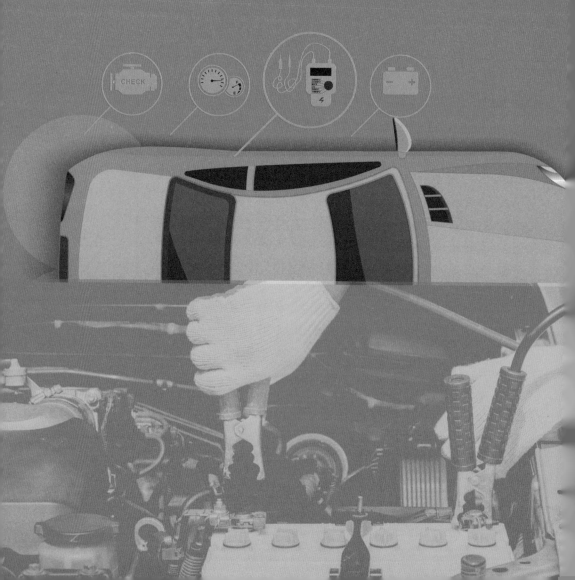

第一节　空气流量计的作用

　　空气流量计，又叫空气流量传感器（MAF），安装在空气滤清器后方、进气门前方的进气管路上，一般都在空气滤波器的出口处，如图 6-1 中红框所示。这样安装的目的是防止空气流量计的读数受到发动机气门关闭产生的进气谐波与曲轴箱废气的影响，造成数值不准确。

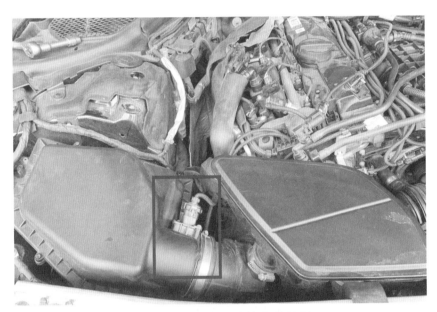

图 6-1　空气流量计的安装位置

　　空气流量计的作用是检测发动机的进气量，并把这个信号送给发动机 ECM 用来计算和控制以下几个方面。

　　1.确定基本喷油量

　　ECM 根据空气流量计提供的进气量信号来确定喷油量是多少，进气量信号是燃油喷射控制的重要参考信号之一。

　　2.检测发动机负荷

　　空气流量计检测发动机的进气量和进气门信号并计算发动机的负荷值，它们可以相互监督，比较信号的一致性，以判断其中某一个传感器是否存在故障。

3.修正点火提前角

由于空气流量计信号能够在一定程度上反映出发动机的负荷，而点火提前角会因为发动机的负荷而调整（通常发动机转速一定的情况下，负荷越大，点火提前角越小），因此空气流量计对点火提前角有一定的修正作用。

4.用于部分辅助控制系统的工作参考

燃油蒸气系统（EVAP）和废气再循环系统（EGR）的工作需要空气流量计的信号作为参考。

第二节 电路与信号特点

目前汽车上用的都是热膜式空气流量计（图 6-2），热膜式空气流量计工作原理如图 6-3 所示，通过检查其热膜上的热量被进气带走多少（进气越多，热量被带走的就越多）来计算进气量。

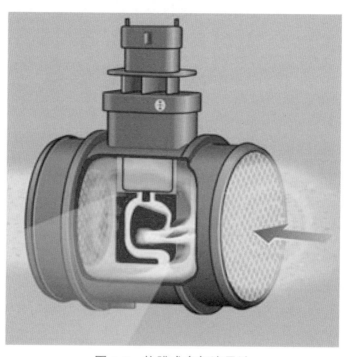

图 6-2　热膜式空气流量计

汽车电控发动机

构造 · 原理 · 分析 · 诊断 · 维修

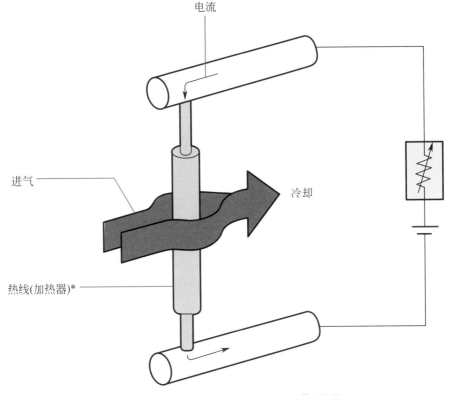

电流

进气

冷却

热线(加热器)*

图 6-3　热膜式空气流量计的工作原理

* 等温

　　大部分热膜式空气流量计的电路都与图 6-4 一样（大众和奥迪基本都是），由三根线组成，分别是电源线、信号线、搭铁线。因为电路控制差异，空气流量计的电源有 ECM 提供的，也有外部电源提供的，一般外部电源都是 12V；空气流量计的搭铁基本都是 ECM 内部提供的，这样做的目的是为了保证信号准确性。有些空气流量还有一个进气温度线，进气温度线有与进气流量计的搭铁公用的，也有独立的，因此空气流量计也有 4 线和 5 线的。

　　空气流量计按照信号类型分类可分为两种：一种是电压信号；一种是频率信号。对于电压信号，空气流量计检测的进气流越大，信号电压越大；反之信号电压越低，信号电压范围一般为 0 ～ 5V。对于频率信号，空气流量计检测到的进气量越大，信号频率越高；反之越低。早期的频率信号为 0 ～ 300Hz，现在的车辆基本都为 1 ～ 9kHz。

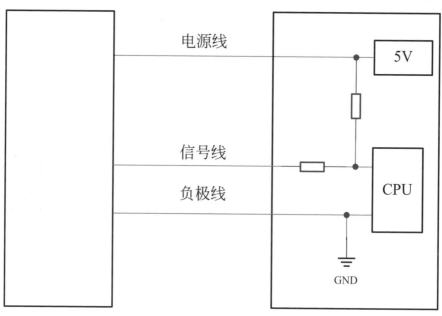

图 6-4 热膜式空气流量计的电路

　　空气流量计故障实际就是指进气系统测量故障，即进气测量不精确，与实际不相符。导致空气流量计测量到的数值与实际数值不相符或者测量不到的原因大致有两大类，一类故障为进气流量计本身或者进气流量计的电路故障，还有一类为进气系统泄漏故障。

一、泄漏故障

　　进气系统泄漏会导致一部分空气未经过空气流量计的检查直接进入气缸，使得空气流量计测量到的数值要小于发动机实际进气量，这种故障会导致发动机的空燃比失调，严重者会导致发动机工作不平稳。

　　不带增压机的车型，在空气流量计后方泄漏只会导致空气流量计的数值小于实际进入发动机的进气量，即空燃比偏小。发动机控制单元可能会留下故障码 P0171（混合过稀）。对于带增压机的车型需要注意：在增压机没有工作的时候进气系统的压力小于大气压，则泄漏是没有经过流量计直接进入发动机气缸，导致实际进气量大于空气流量计测量到的进气量；因为增压机工作的时候进气管的压力大于大气压力，所以空气经过空气流量计后并没有进入气缸又泄漏到大气中。因此带增压机的车型在增压机工作和没有工作的时候，数据流的变化是不同的。

二、传感器及电路故障

当传感器中的热膜受到严重污染的时候，相当于给热膜加了一个保温层。这样空气流量计测量到的数值就会小于实际值，从而导致混合气过稀。

空气流量计的电路故障主要包括短路和断路，在这些情况下，ECM 会储存相关的故障码，发动机也会亮故障灯。因不同车型发动机控制电路的差异，在空气流量计电路出故障后故障现象也不相同。

一种情况是断开空气流量计的插头后对发动机的启动和运行没有特别明显影响，这主要是 ECM 利用节气门信号和发动机转速信号计算了一个替代值来控制发动机运行。

还有一种情况是断开空气流量计会对发动机运行造成严重影响，可能会出现发动机启动困难、怠速不稳、加速不良、动力不足等。

空气流量计电路故障诊断与分析见表 6-1。

表 6-1　空气流量计电路故障诊断与分析

故障码	含义	故障码说明	可能的原因
P0100	空气流量计电路故障	ECM 检测到 MAF 信号电压超过校准的正常范围	（1）MAF 线路开路 （2）MAF 线路失效
P0101	空气流量计性能故障	ECM 检测到的 MAF 信号与节气门和发动机转速信号之间不合理	（1）MAF 故障 （2）相关传感器信号故障 （3）进气系统泄漏

故障码	含义	故障码说明	可能的原因
P0102	空气流量计信号低	ECM 检测到 MAF 信号过低（低于极限值）	（1）MAF 失效 （2）MAF 信号线开路 （3）MAF 电源故障
P0103	空气流量计信号输高	ECM 检测到 MAF 信号过高（高于极限值）	（1）MAF 失效 （2）MAF 信号对正极短路 （3）MAF 负极开路
P0104	空气流量计间歇性故障	ECM 检测到 MAF 信号电压突然变化	（1）MAF 失效 （2）MAF 线路接触不良 （3）ECM 故障

第七章
涡轮增压机系统

近几年因为相关法规的原因，使用小排量、带增压机的发动机成为发展趋势，因此增压机得到了越来越广泛的应用。

增压机可以提高发动机的充气效率（超过100%），因此发动机的动力提高了很多。废气涡轮增压机则是应用最广泛的一种，如图7-1所示，它可以根据发动机的需求提供增压压力，或减小或不提供增压压力，即使在海拔高的地方也能够使发动机获得足够的充气效率。

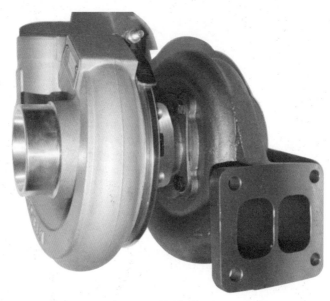

图7-1 涡轮增压机

涡轮增压机主要由涡轮机和压气机构成，涡轮机的进气口与排气管的排气歧管相连接，压气机的进气口与空气滤清器相连，压气机的排气口与进气歧管相连。

从发动机的排气歧管排出的是高温高压的废气，具有一定的能量。在自然吸气的发动机中，这部分能量往往随着废气的排放而白白浪费，而涡轮增压的动力来源恰恰就是这些废气。涡轮机涡轮与压气机泵轮通过涡轮轴刚性连接，这部分称为增压机的转子。

　　增压机的转子通过浮动轴承（转子高速旋转时可保证摩擦阻力较小）固定在增压机中。发动机工作时，排出的废气以一定的角度高速冲击涡轮，使得增压机的转子高速旋转，这样压气机的转子就可以以同样的速度压缩空气。空气经过高温的增压机且受到增压后空气的温度就会上升，温度上升后密度变小，因此压缩空气在进入气缸之前会先降温，降温的方式一般都是使用中冷器（空气冷却器）。如图 7-2 所示。

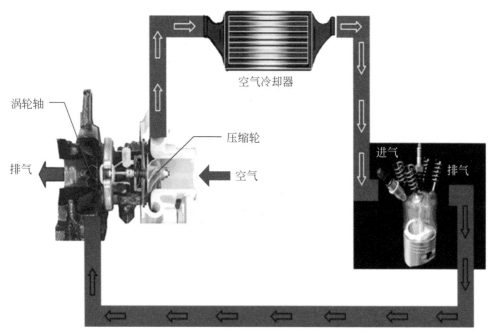

图 7-2　涡轮增压机的降温原理

第二节　涡轮增压机的工作原理

　　在前面介绍了涡轮的用途，那么涡轮增压机的工作原理基本就是由发动机废气驱动涡轮的排气侧转子，由涡轮轴带着压气机旋转以达到压缩空气的目的。在发动机转速较低的时候（怠速），排出的废气不足以驱动涡轮，因此在怠速情况下涡轮增压机基本没有效果，随着发动机的转速升高，废气中能量变大，涡轮的转速随之变快，当达到一定转速时涡轮开始介入工作。

一、废气旁通阀控制

废气旁通阀（图7-3）安装在涡轮增压机排气侧，它的作用是调节增压压力，防止增压机因为压力过高而损坏发动机。

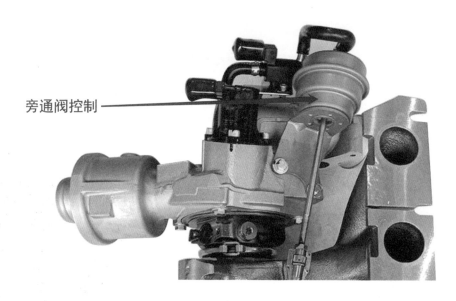

旁通阀控制

图 7-3　废气旁通阀

涡轮增压机通过废气旁通阀的控制电磁阀和废气旁通阀执行器对增压压力进行控制。

图7-4中N75就是一个废气旁通阀的控制电磁阀，它是一个两位三通电磁阀，其中三个接口分别与增压机前的空气、增压机后的空气、压力调节单元相连接，由ECM控制电磁阀。电磁阀的动作可以控制压力调节单元与增压后的空气相同（开启旁通阀），或是与增压前的空气相同（关闭旁通阀）。

压力调节单元是一个膜盒控制装置，膜盒内有一个膜片，膜片把压力调节单元隔成两个腔，一个腔与N75相连接，另一个腔通过弹簧与联动杆连接控制排气阀，在弹簧的压力下阀门保持关闭。如果电磁

汽车电控发动机　构造·原理·分析·诊断·维修

阀打开，增压后的空气会对膜片施加压力，从而克服弹簧力，推动杠杆打开排气阀。

　　这种废气阀称为常闭式的，即使发动机在停机状态下旁通阀也是关闭的。目前大部分发动机都是这种常闭式的结构。

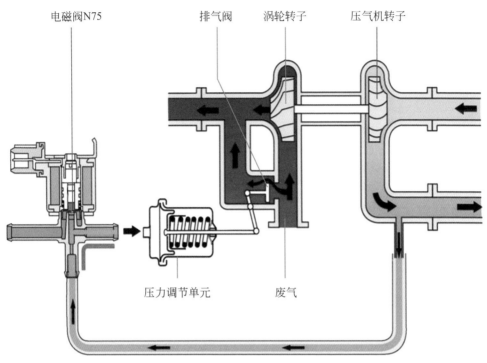

图 7-4　涡轮增压机的工作原理

　　作用于压力调节单元的压力大小取决于电磁阀 N75 的占空比大小，当电磁阀完全打开时废气阀全部打开；当占空比小于 20% 的时候废气阀完全关闭。

　　ECM 会根据发动机转速、节气门开度、进气歧管压力、发动机温度等参数计算增压压力值，通过进气增压压力传感器实际测量进气管的增压压力反馈给 ECM，ECM 通过废气旁通阀的控制电磁阀调节增压压力与目标增压压力保持一致。

　　现在也有新款发动机（例如宝马 B48 发动机）使用伺服电机直接控制废气旁通阀，如图 7-5 所示。

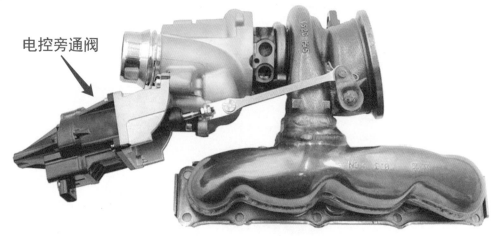

电控旁通阀

图 7-5　伺服电机直接控制废气旁通阀

二、进气旁通阀控制

涡轮增压机在工作时如果遇到节气门突然关闭会导致节气门与压气机泵轮之间的空间产生背压，致使涡轮增压机的转子被强烈制动。被制动的涡轮增压机会导致大量的增压压力损失，并且也会损失在下一次需要产生增压效果的时候所需的动力，进气旁通阀控制就是为了解决该问题。

如图 7-6 所示的控制方式是老式的控制方式，在涡轮增压机的泵气侧的进气口与排气口之间安装了一个组合阀，组合阀打开后就会让本应该进入节气门的空气又通过组合阀回到增压机泵气侧的进气口，所以进气旁通阀控制也称为内循环阀控制。

组合阀的控制是真空控制，真空源来源于真空罐。通过一个两位三通电磁阀控制真空的通断。

现在很多车使用的是电控涡轮增压机，电控实际就是内循环阀的控制为直接控制，这样在响应速度上会更快。

如图 7-7 和图 7-8 所示，N249 的控制为 ECM 通过占空比控制，电磁阀的一端直接与正极连接。有的车型在控制上加了一个内循环阀位置传感器，也就多了三根线，分别为 5V 电源线、负极线、信号线。

汽车电控发动机　构造·原理·分析·诊断·维修

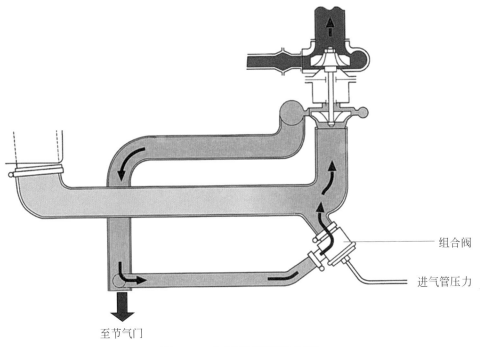

组合阀

进气管压力

至节气门

图 7-6 内循环阀控制原理

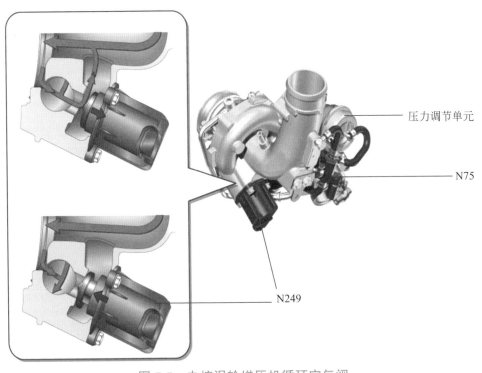

压力调节单元

N75

N249

图 7-7 电控涡轮增压机循环空气阀

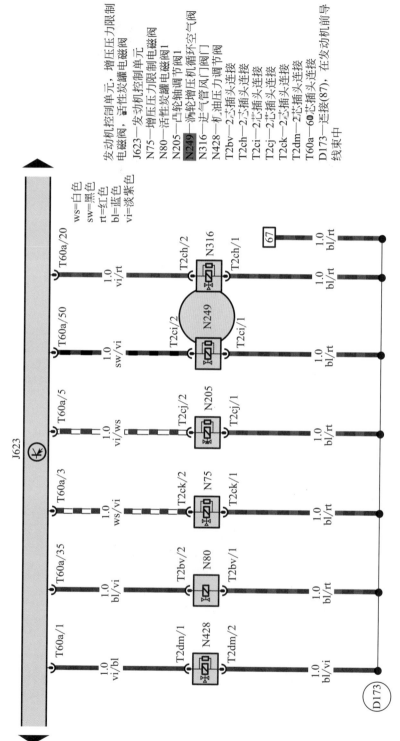

发动机控制单元、增压压力限制
电磁阀、活性炭罐电磁阀
J623—发动机控制单元
N75—增压压力限制电磁阀
N80—活性炭罐电磁阀1
N205—凸轮轴调节阀1
N249—涡轮增压器循环空气阀
N316—进气管风门阀门
N428—机油压力调节阀
T2bv—2芯插头连接
T2ch—2芯插头连接
T2ci—2芯插头连接
T2cj—2芯插头连接
T2ck—2芯插头连接
T2dm—2芯插头连接
T60a—60芯插头连接
D173—连接(87)、在发动机前导
线束中

ws=白色   sw=黑色
rt=红色   bl=蓝色   vi=淡紫色

图 7-8 全新途观电路图

第三节　涡轮增压机的故障诊断 ‹

涡轮增压机一旦发生故障会导致发动机加速无力，严重者无法启动。涡轮增压机的故障主要在两方面：一方面是因为轴承损坏烧机油、排气冒蓝烟严重或者轴承直接卡死导致无法启动；另一方面是因为电磁阀或者旁通阀故障导致涡轮增压机增压压力起不来，从而车辆加速无力。

对于烧机油轴承卡死的故障，只要拆掉进气软管观察是否有过多的机油和叶片是否卡死即可。

对于增压压力不足的故障，需要对真空管路进行检查，保证真空管路是好的，然后检测电磁阀是否有故障，以及废气旁通阀是否烧蚀和内循环阀是否有故障。涡轮增压机的故障诊断与分析见表 7-1。

表 7-1　涡轮增压机故障诊断与分析

故障码	含义	故障码设置说明	可能的原因
P0247	涡轮增压机废气旁通控制电磁阀线路 A 失效	ECM 检测到涡轮增压机废气旁通控制电磁阀控制电路开路持续一定时间	（1）电源电路开路 / 虚接 （2）电磁阀线圈开路 （3）控制电路开路 / 虚接
P0234	涡轮增压机废气旁通控制电磁阀线路 B 失效		
P0244	涡轮增压机废气旁通控制电磁阀线路 A 范围 / 性能	ECM 通过实际增压压力、目标增压压力、电磁阀控制占空比之间的逻辑关系检测出电磁阀的控制不合理，一般还伴随增压压力不足或过压的故障现象	（1）废气旁通电磁阀 （2）废气旁通阀管路 （3）废气旁通阀执行器 （4）进气管路泄漏 （5）增压压力传感器
P0248	涡轮增压机废气旁通控制电磁阀线路 B 范围 / 性能		
P0245	涡轮增压器废气旁通控制电磁阀 A 电压低	ECM 持续监测到涡轮增压机废气旁通控制电磁阀电路对搭铁短路并持续一段时间	控制电路对搭铁短路
P0249	涡轮增压器废气旁通控制电磁阀 B 电压低		

故障码	含义	故障码设置说明	可能的原因
P0246	涡轮增压器废气旁通控制电磁阀 A 电压高	ECM 监测到涡轮增压器废气旁通电磁阀控制电路对正极短路并持续一段时间	控制电路对正极短路
P0250	涡轮增压器废气旁通控制电磁阀 B 电压高		
P0033	涡轮增压机进气旁通阀控制电路	ECM 监测到涡轮增压器进气旁通电磁阀电路开路并持续一段时间	（1）电源电路开路/虚接 （2）电磁阀线圈开路 （3）控制电路开路/虚接
P0034	涡轮增压器进气旁通控制电磁阀电路电压过低	ECM 检查到涡轮增压器进气旁通电磁阀控制电路对搭铁短路并保持一段时间	控制电路对地搭铁
P0035	涡轮增压器进气旁通控制电磁阀电路电压过高	ECM 检查到涡轮增压器进气旁通电磁阀控制电路对正极短路并保持一段时间	控制电路对正极短路

汽车电控发动机

构造·原理·分析·诊断·维修

第八章
电子节气门

电子节气门控制系统（ETCS）主要由电子加速踏板位置传感器、电子节气门控制单元（电机、节气门位置传感器 TPS）和 ECM 构成。如图 8-1 所示，发动机控制器（ECM）根据油门模块（APP）提供的加速踏板位置传感器，结合发动机当前的工况计算出节气门的最佳开度，并结合节气门位置传感器（TPS）反馈的节气门当前位置来控制节气门电机的旋转，将节气门开度调整至合适的开度。之后 TPS 向 ECM 反馈当前节气门位置，ECM 根据这个信号再次判断节气门的开度是否与预期一致。

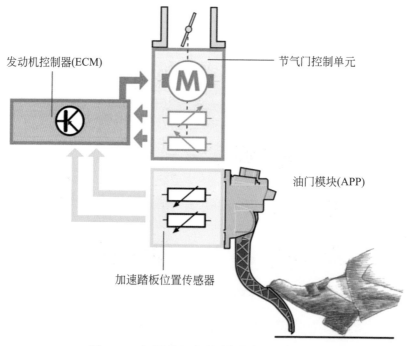

发动机控制器(ECM)

节气门控制单元

油门模块(APP)

加速踏板位置传感器

图 8-1　电子节气门控制系统（ETCS）

装有电子节气门的汽车取消了传统拉线式节气门的拉索和怠速电机控制装置，不但为车辆的布置提供了便利，而且故障率也大大降低。与传统节气门相比较而言，电子节气门具有如下更多的作用和优势。

❶ 节气门的开度控制更加精确。

汽车电控发动机 构造·原理·分析·诊断·维修

② 在发动机全部转速范围内实现最佳转矩输出。

③ 提高燃油经济性，改善发动机排放性能。

④ 采用冗余设计，具有多种工作模式，提供车辆行驶可靠性。

⑤ 直接完成对发动机怠速控制，无须怠速系统。

⑥ 在不增加硬件的情况下，轻松实现定速巡航。

⑦ 可实现与加速踏板不一致的节气门开度，满足牵引力控制需要。

第二节　电子节气门的结构与原理

　　电子节气门主要由节气门位置传感器（TPS）、节气门电机、传动机构和节气门阀构成，如图 8-2 所示。其中节气门电机为直流电机，它能够按照所提供的直流电电流方向而变换电机的旋转方向，通过传动齿轮驱动节气门阀开启和关闭。

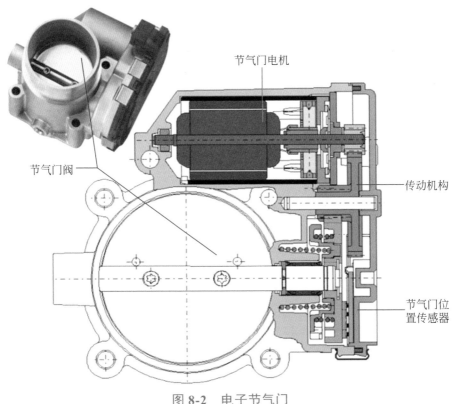

图 8-2　电子节气门

电子节气门的电路一般都由 6 根线构成，如图 8-3 所示。其中 TPS 传感器有 4 条线路，分别为 TPS 的电源 5V 线、负极线、信号 1 线、信号 2 线，直流电机有 2 条控制线控制电机正反转，6 条线均与 ECM 相连接。

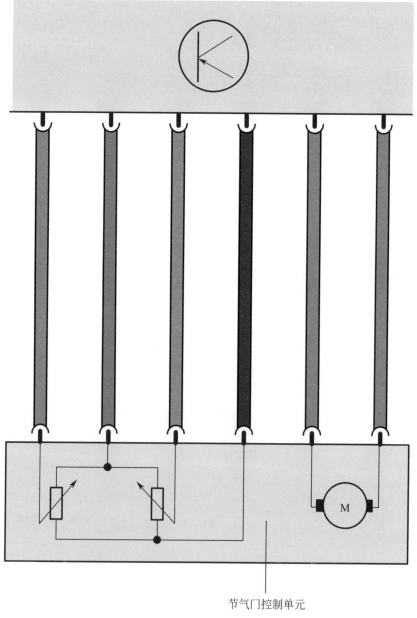

节气门控制单元

图 8-3　电子节气门的电路

电子节气门信号为冗余式设计，大部分车型的电子节气门位置信号 1 和信号 2 的关系都满足：信号 1 电压加信号 2 电压等于 5V 或者信号 1 电压乘以 2 等于信号 2 电压，但是也有部分车型的信号电压比较特殊，没有这种逻辑关系。

第三节　电子油门踏板

　　电子油门踏板（图 8-4）常见的是 6 线式，如图 8-5 所示，一个油门踏板由两个油门踏板位置传感器构成，分别传输电子油门踏板信号 1、电子油门踏板信号 2。每组信号都有单独的供电和搭铁。信号之间的关系大部分也满足：信号 1 电压加信号 2 电压等于 5V 或者信号 1 电压乘以 2 等于信号 2 电压。

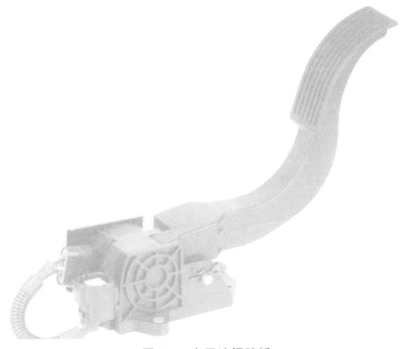

图 8-4　电子油门踏板

　　也有部分车型的电子油门踏板信号线只有 4 根，这种布局是把信号 1 和信号 2 的电源线公用了。

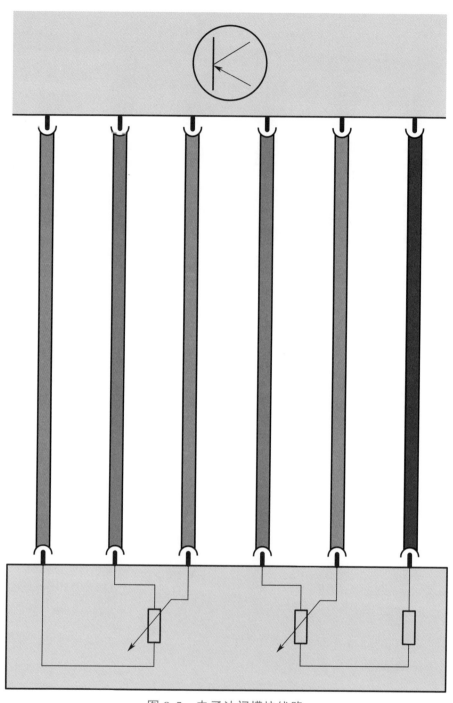

图 8-5　电子油门模块线路

如图 8-6 所示为电子油门踏板的信号波形。

汽车电控发动机

构造·原理·分析·诊断·维修

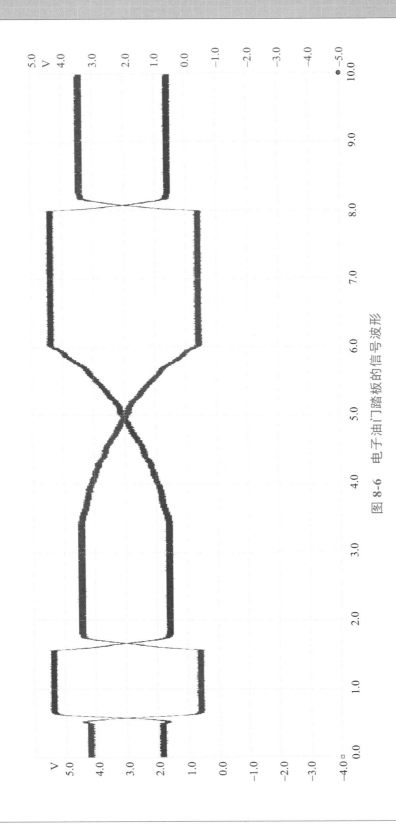

图 8-6 电子油门踏板的信号波形

第九章
怠速控制系统

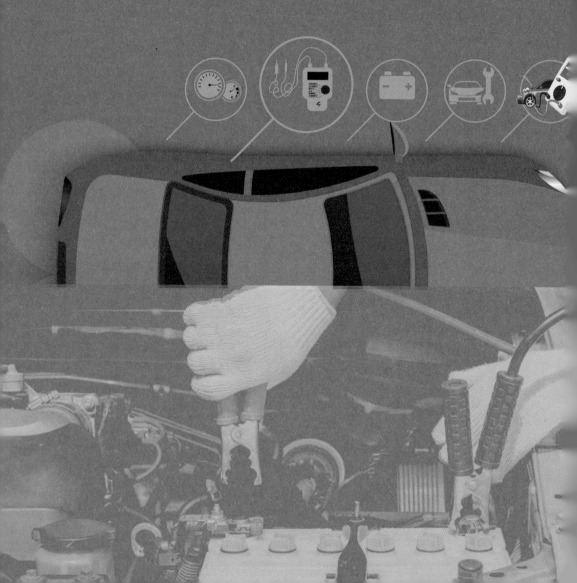

第一节　怠速控制阀作用

发动机在无须驱动车辆的时候为了克服发动机本身的摩擦力以及使发电机等设备正常工作，要保证一个最低转速，这个最低转速称为怠速。怠速的最低转速会根据冷却液温度信号、A/C 空调信号、挡位信号、动力转向信号、发动机负荷等因素实时变化，因此 ECM 会根据这些信息来调整发动机怠速时候的发动机转速，而节气门位置则反映了当前发动机的负荷，发动机转速传感器反馈了当前的发动机转速。如图 9-1 所示。

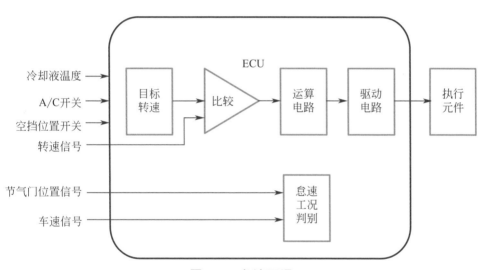

图 9-1　怠速工况

在没有电子节气门的车辆上，基本都是使用旁通气道的方式来控制发动机怠速时的转速，而旁通气道的开度大小则由怠速电机控制，如图 9-2 所示。

怠速电机根据其工作原理不同大致分为两种：一种是旋转电磁阀式，如图 9-3 所示；另一种是步进电机式，如图 9-4 所示。

无论是旋转电磁阀式还是步进电机式，其最终目的都是控制发动机的进气量。ECM 根据发动机工作温度和负荷情况来控制怠速电机的工作从而控制发动机怠速情况下的空气供给量。

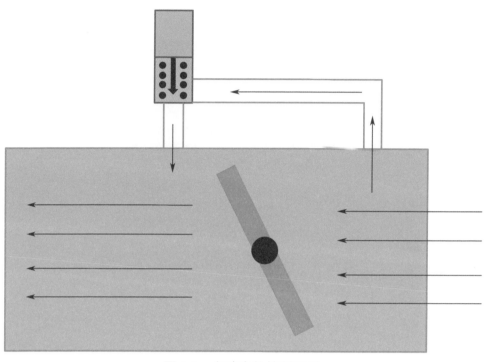

图 9-2 怠速电机控制原理

图 9-3 旋转电磁阀式怠速电机

作为发动机怠速控制系统的执行元件，怠速控制阀的作用就是根据 ECM 发出的指令，控制新鲜空气，使其通过节气门体的旁通气道进入发动机进气歧管，进而进入发动机的气缸。

图 9-4　步进电机式怠速电机

第二节　怠速电机电路结构

一、旋转电磁阀式怠速电机

这种怠速电机在老款的日韩系车型用得较多，老款的大众桑塔纳也使用这种怠速电机。这种怠速电机有两个孔，一个与来自空气滤清器的新鲜空气相连接，另一个与节气门后方的进气歧管相连接，两个孔之间用一个阀门来控制它们之间的开度。

阀门通过一个中间轴与后方的永磁铁相连接，永磁铁的位置在两个线圈中间。这样给两个线圈分别通电就可以控制两个线圈的磁场，进而控制阀门的开度。如图 9-5 所示。

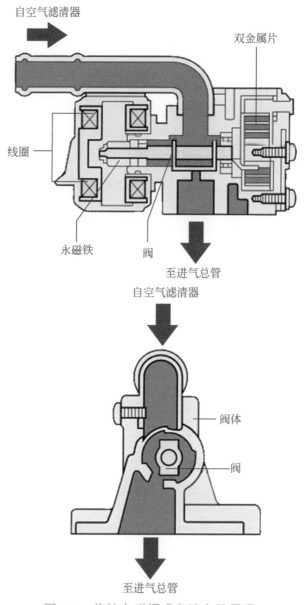

自空气滤清器

双金属片

线圈

永磁铁

阀

至进气总管

自空气滤清器

阀体

阀

至进气总管

图 9-5　旋转电磁阀式怠速电机原理

　　如图 9-6 所示，在实车电路中可以看到怠速控制执行器上有三根线，在内部实际是两个线圈由一个公共引脚引出来，也就是图 9-6 中 C76 插头的 2 号引脚，这个引脚在电路中是公共引脚，也是供电引脚。C76 的 1 号引脚和 3 号引脚是两个线圈的另外一端，这两个引脚由电脑通过占空比控制搭铁从而控制怠速电机的开度。

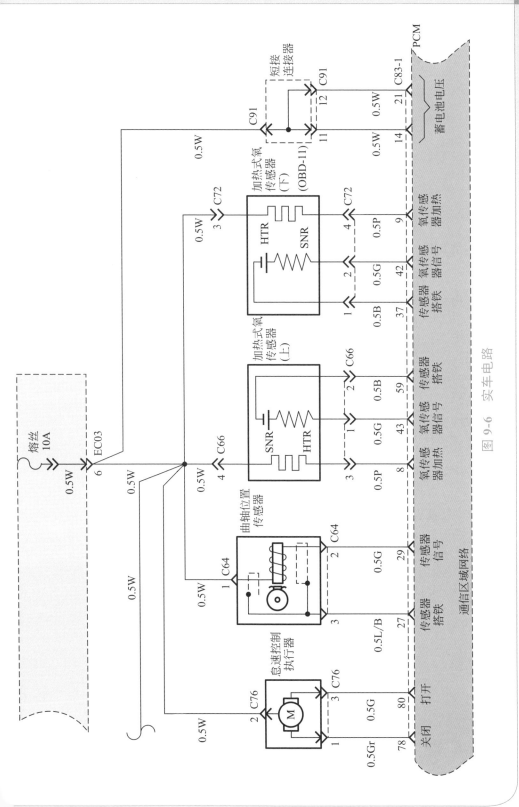

图 9-6　实车电路

二、步进电机式怠速电机

步进电机式怠速电机是很多车型中使用到的方案，步进电机主要由两组线圈构成，转子由永磁铁构成。如图 9-7 所示。

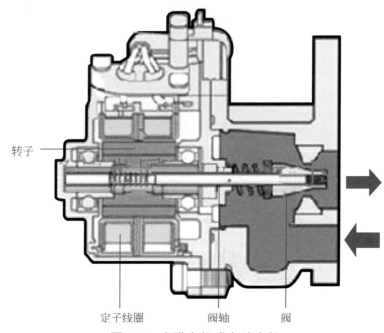

图 9-7　步进电机式怠速电机

其工作原理如图 9-8 ～图 9-11 所示，步进电机的 4 根线实际是两组线圈都由 ECM 控制。ECM 控制其通电顺序不同从而改变内部线圈的磁场变化来驱动由永磁铁构成的转向旋转。具体流程如下。

如图 9-8 所示，定子线圈 A-B 通电（C-D 断电），电流从 A 流向 B，根据电磁感应定律，此时产生的磁场方向是左边 S、右边 N，因为转子是永磁铁，根据"磁铁同极相斥，异极相吸"的原理，转子会被吸引成水平状态。

如图 9-9 所示，定子线圈 C-D 通电（A-B 断电），电流从 C 流向 D，根据电磁感应定律，此时产生的磁场方向是上边 N、下边 S，因为转子是永磁铁，根据"磁铁同极相斥，异极相吸"的原理，转子会被吸引成垂直状态。

汽车电控发动机

构造·原理·分析·诊断·维修

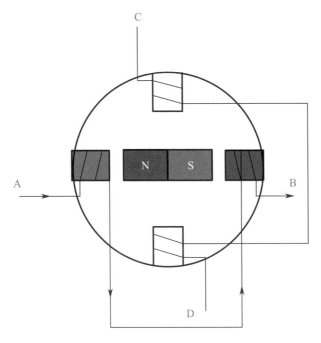

图 9-8 步进电机式怠速电机原理（1）

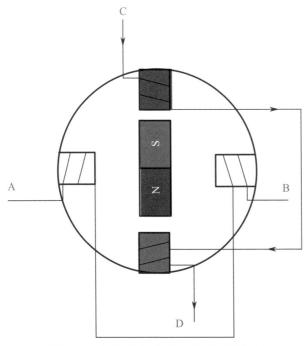

图 9-9 步进电机式怠速电机原理（2）

如图9-10所示，定子线圈B-A通电（C-D断电），电流从B流向A，根据电磁感应定律，此时产生的磁场方向是左边S、右边N，因为转子是永磁铁，根据"磁铁同极相斥，异极相吸"的原理，转子会被吸引成水平状态。

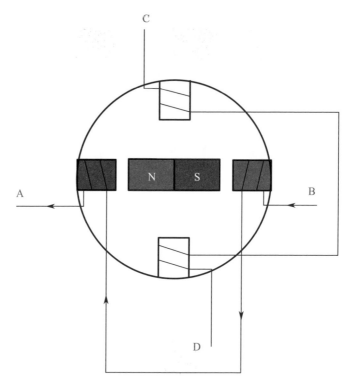

图 9-10　步进电机式怠速电机原理（3）

如图9-11所示，定子线圈D-C通电（A-B断电），电流从D流向C，根据电磁感应定律，此时产生的磁场方向是上边S、下边N，因为转子是永磁铁，根据"磁铁同极相斥，异极相吸"的原理，转子会被吸引成垂直状态。

ECM不断控制线圈的A、B、C、D的通电电流方向，依照上述顺序周而复始地循环。步进电机的转子就会被驱动着一直朝一个方向旋转，通过螺纹机构就可以把阀芯一步步推出或者一步步缩回。

控制步进电机的阀芯缩回和推出就控制了节气门的旁通气道的进气量，这样就控制了发动机怠速的转速。

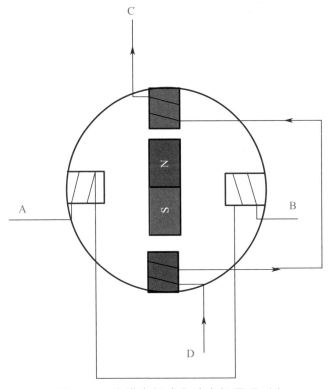

图 9-11　步进电机式怠速电机原理（4）

第三节　节气门位置传感器

节气门位置传感器用于检测节气门开度，安装在节气门侧，如图 9-12 所示。由节气门翻板的同轴进行联动，节气门动作传感器跟随其动作。

节气门位置传感器是电控发动机中非常重要的一个位置传感器，它将节气门的开度转变为电信号传递给 ECM，ECM 根据其传递回来的节气门开度信号用于计算以下参数。

图 9-12　节气门位置传感器安装位置

一、发动机负荷

　　节气门位置传感器信号与进气流量信号或者进气压力信号之间的逻辑关系反映了当前发动机的负荷情况，因此发动机电脑会根据节气门开度再结合当前的进气量来计算当前的发动机负荷。

二、喷油量

　　ECM 根据节气门位置来计算当前的发动机负荷，ECM 会根据节气门开度信号来计算当前的发动机工况以修正发动机的喷油脉宽。

　　在启动发动机的时候，为了保证发动机的顺利启动，ECM 在启动瞬间会给予较浓的混合气。如果多次启动失败，那么发动机气缸内就会积存很多汽油并浸湿火花塞，导致发动机更难启动，这个现象称为"溢油"（俗话叫淹缸）

　　早期，清除"溢油"的方法都是拆掉火花塞，用火烧，再启动，现在很多发动机都配备"溢油"清除功能。其基本原理是：在发动机启动过程中如果完全打开节气门，ECM 会根据节气门位置信号控制减少喷油量甚至不喷油，以此保证气缸内燃油被清除。

　　发动机在急减速的时候，这个信号是由节气门位置传感器检测到的。当节气门位置传感器检测到节气门突然关闭，也就意味着发动机现在是急减速工况，那么 ECM 就会控制发动机短暂停止喷油。

　　如图 9-13 所示，大部分节气门位置传感器由三根线构成，分别是电源线、接地线和信号线。信号线的电压一般都在 0 ～ 5V 之间变化，随着节气门开度增大，信号电压也增大。

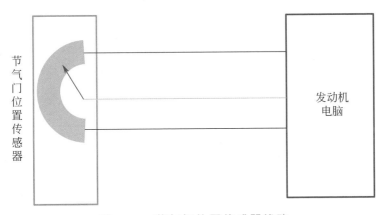

图 9-13　节气门位置传感器线路

第十章
进气歧管燃油喷射系统结构

第一节　燃油供给系统分类

　　汽油发动机燃油供给系统按照喷油嘴安装位置不同可分为进气道喷射系统和缸内直喷系统。缸内直喷系统在下一章节介绍。进气道喷射系统按照燃油管路分配方式不同又分为带回油管式和不带回油管式。如图 10-1 所示。

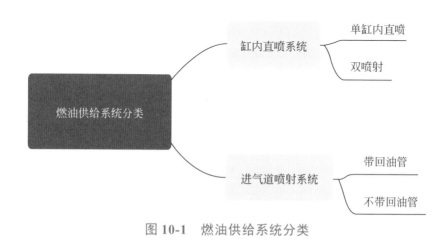

图 10-1　燃油供给系统分类

第二节　进气歧管燃油喷射系统组成与各部件的作用

　　进气歧管燃油喷射系统由燃油泵、燃油滤清器、燃油管路、燃油分配管、燃油压力调节器、喷油嘴构成。如图 10-2 所示。

　　燃油由燃油泵泵出至燃油滤清器，经过过滤送入燃油分配管，燃油压力调节器控制燃油压力在规定的范围内。燃油压力调节阀上面还有一根真空管，真空管的另外一端与进气歧管连接，燃油压力调节器调节燃油压力时还需要根据进气歧管内的压力对其进行微调。

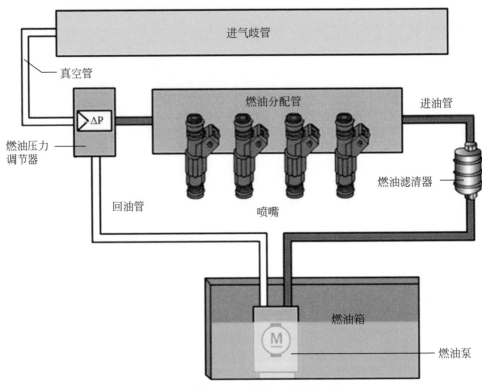

图 10-2 进气歧管燃油喷射系统组成

一、燃油泵

燃油泵构造原理如图 10-3 和图 10-4 所示。

燃油泵安装在油箱内部,这么做的目的是可以借助燃油的流动给燃油泵降温,同时可以润滑燃油泵。燃油泵外壳上还会集成油浮子,还有的车型集成了燃油滤清器。不带回油管的车型会把燃油压力调节器安装在燃油泵上面。

燃油泵是一个直流电机,带着泵的叶轮旋转。叶轮旋转形成的离心力实现泵油,在泵的出油口处有一个单向阀,单向阀的存在使得发动机熄火后燃油系统可以保持一定的残余压力以便于下次启动。在燃油泵上还有一个卸压阀,这个阀的作用是一旦燃油压力失控后可以及时将高压燃油从这个阀卸掉,以保证燃油系统的安全。

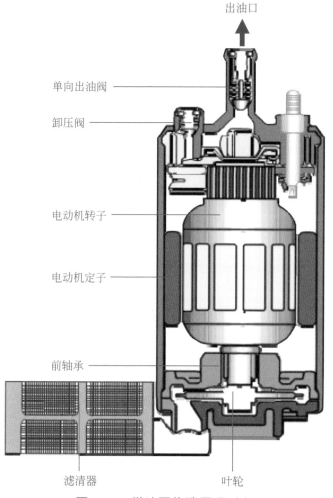

出油口

单向出油阀

卸压阀

电动机转子

电动机定子

前轴承

滤清器　　　　叶轮

图 10-3　燃油泵构造原理（1）

二、燃油滤清器

　　燃油滤清器分为外置式（图 10-5）和内置式（图 10-6）。外置燃油滤清器安装在燃油管路上，内置燃油滤清器和燃油泵安装在一起，放在油箱内部。大众汽车外置燃油滤清器是一个三根管子的燃油滤清器，这种燃油滤清器是带回油管的，带回油管的燃油滤清内部安装一个燃油压力调节阀，燃油压力调节阀根据其调整压力的不同而不同，因此大众的外置燃油滤清器根据其调节压力不同是需要分类的。如图 10-7 所示。

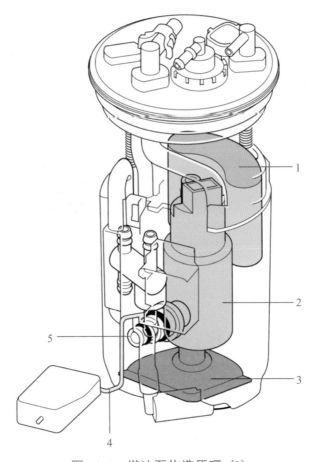

图 10-4　燃油泵构造原理（2）

1—燃油滤清器；2—滤油泵芯；3—燃油粗滤芯；4—油浮子；5—燃油压力调节阀

图 10-5　外置燃油滤清器

图 10-6　内置燃油滤清器

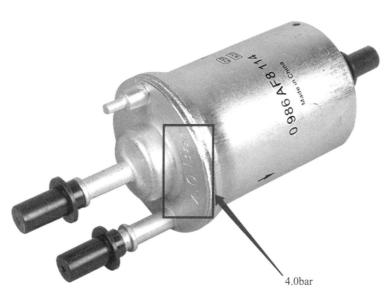

4.0bar

图 10-7　大众汽车外置燃油滤清器

三、喷油嘴

喷油嘴的作用是根据 ECM 计算出的喷油正时和喷油脉宽，在特定的时刻向进气歧管喷射一定的燃油。图 10-8 所示为喷油器的剖面图。

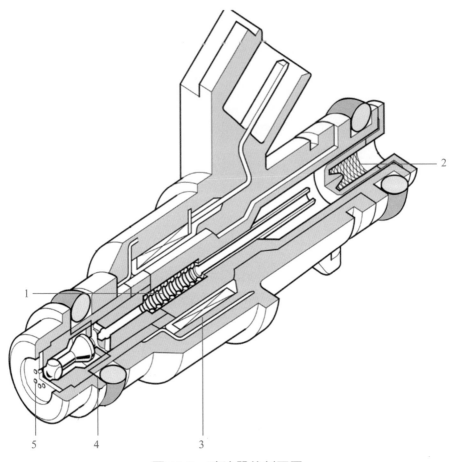

图 10-8 喷油器的剖面图

1—回位弹簧；2—滤网；3—电磁线圈；4—O 形圈；5—喷油

当喷油器不通电时，电磁线圈没有电流，回位弹簧通过衔铁把针阀紧紧压在阀座上，此时不喷油。当喷油器通电的时候，电磁线圈有电流通过，电磁线圈产生磁场并吸引衔铁，衔铁带动针阀克服弹簧力抬起，此时喷油。

喷油器的控制电路如图 10-9 所示。喷油器有两根线，一根线是通过主机继电器闭合后给的正极线，还有一根线是 ECM 控制的负极线。当 ECM 控制喷油器的负极线导通时喷油器开始喷油。

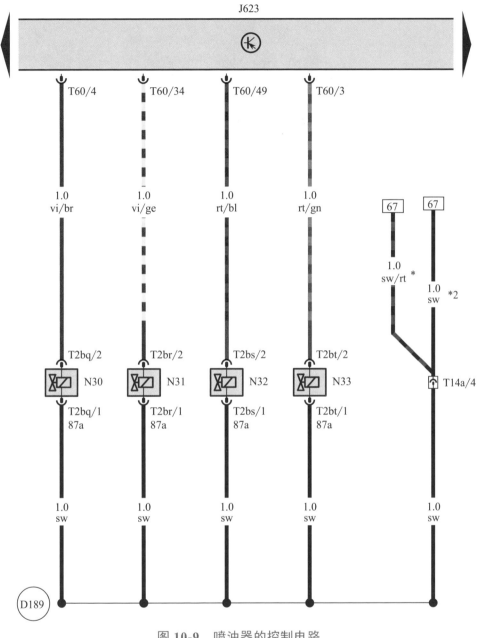

图 10-9 喷油器的控制电路

四、燃油压力调节器

燃油压力调节器的外观如图 10-10 所示。

图 10-10　燃油压力调节器的外观

　　燃油压力调节器安装的位置有两种，一种是安装在燃油分配管上，安装在燃油分配管上的燃油压力调节器上面会有一个真空管与进气歧管相连接，燃油压力调节器根据进气歧管压力的波动来调整燃油系统的压力。安装燃油分配管上的燃油压力调节器的车型其燃油压力在 2.7 ～ 3.5bar 之间。如图 10-11 所示。

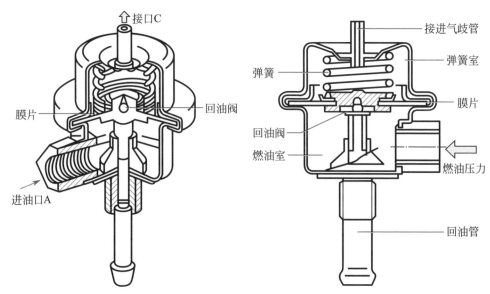

图 10-11　燃油压力调节器的安装位置

　　还有一种是把燃油压力调节器安装在燃油泵总成上，这种安装方式则没有真空管，其燃油压力是恒定不变的，这种燃油压力普遍高于带回油管的系统，其压力在 3.0 ～ 6.0bar 之间。

第十一章
缸内直喷系统

　　如图11-1所示，缸内直喷燃油喷射系统（GDI）是指喷油器安装的位置是在缸盖上，直接把汽油喷入气缸里面。这么做的目的是为了使燃油雾化更加细致，混合气直接在气缸内部形成，这样就真正实现了精确的按比例控制混合比，并且克服了缸外喷射的缺点。

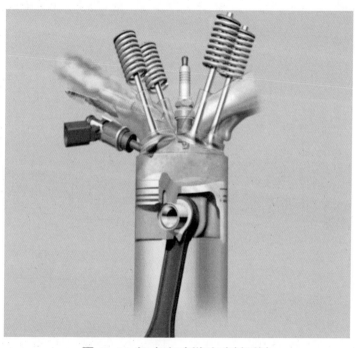

图11-1　缸内直喷燃油喷射系统

　　同时缸内直喷系统能使发动机的油耗更低，功率更大，压缩比更大，可实现稀薄燃烧。

　　缸内直喷系统按燃油雾化方式分为均质燃烧和分层燃烧。分层燃烧是指在一个冲程中多次喷油，进气冲程中开始喷射的燃油是较少的（稀），在压缩冲程终了时（点火前）再次喷油，使火花塞附近混合气浓度大，这时候点火就可以点燃较浓混合气，较浓混合气点燃后即可引燃较稀混合气。

均质燃烧即一个冲程中喷油嘴只喷射一次燃油，这样气缸内的混合气浓度就一致，不会出现各个地方混合气浓度不一样，这样的混合气形成方式叫做均质燃烧（早期都是均质燃烧）。

第二节　系统结构

缸内直喷系统结构如图 11-2 所示。

一、低压油路

缸内直喷的油路分为高压油路和低压油路，以高压油泵为分界线。在低压油路中，燃油是以低压油泵输送到高压油泵的。

低压油路的油压一般为 6bar，但是不同车型压力还不一样，具体请参考原车维修手册。

二、高压油路

燃油经低压油泵输送至高压油泵后由高压油泵加压至 40 ~ 120bar（按需调节）再送至高压油轨，高压油轨与喷油器相连接，在高压油轨上还安装有高压油压传感器可反馈高压油泵调节燃油压力时的信号。同时为了安全，在高压油轨上还安装有一个安全阀，当油轨的压力高到不受控制时将会自动打开安全阀进行回油。

三、高压油泵

每个车型的高压油泵在具体设计制造上都不一样，但是工作原理基本是一样的。因此在分析具体故障时，只要明白了一款高压油泵的原理，那么其他车型就可以一样分析了。

如图 11-3 所示是大众车型的油泵原理，且油泵当前工作在进油行程。该油泵安装在缸盖后方由凸轮轴后面的四方驱动。在凸轮轴四方驱动下高压油泵的柱塞做活塞运动。

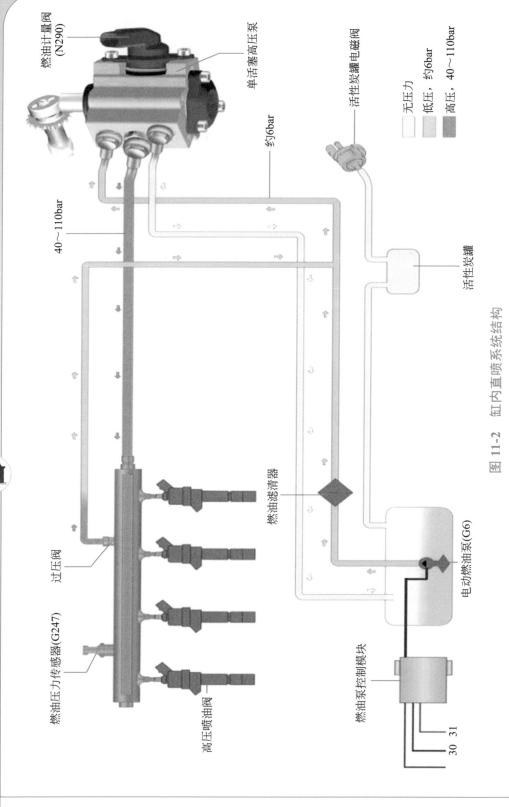

燃油计量阀(N290)

单活塞高压泵

约6bar

活性炭罐电磁阀

无压力

低压，约6bar

高压，40～110bar

40～110bar

过压阀

燃油压力传感器(G247)

高压喷油阀

燃油滤清器

活性炭罐

电动燃油泵(G6)

燃油泵控制模块

30 31

图11-2 缸内直喷系统结构

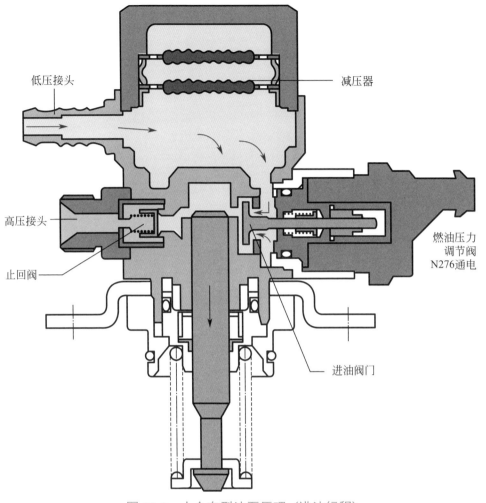

低压接头

减压器

高压接头

止回阀

燃油压力
调节阀
N276通电

进油阀门

图 11-3　大众车型油泵原理（进油行程）

如图 11-4 所示是回油行程，油泵柱塞在下行过程中燃油通过燃油压力调节阀 N276 的进油阀进入油泵内部。

当柱塞越过下止点的时候开始上行，此时 N276 依旧打开，这个过程是回油阶段，由电脑控制 N276 打开以控制回油时间。

因为油泵是由凸轮轴驱动的，所以电脑通过凸轮轴位置传感器就可以判断柱塞的准确位置。

在车间维修中经常遇到凸轮轴驱动油泵的四方移位而导致油压失调，电脑报关于高压油泵性能故障的故障码，其根本原因就在这里。

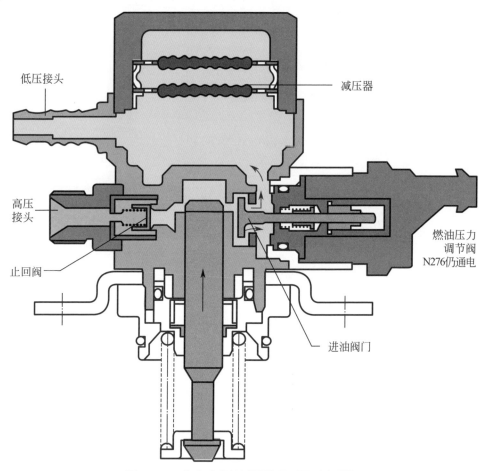

低压接头

减压器

高压
接头

燃油压力
调节阀
N276仍通电

止回阀

进油阀门

图 11-4　大众车型油泵原理（回油行程）

电脑根据当前的负荷、发动机转速等信息确定了当前所需油压后，在合适的位置关闭进油阀，此时燃油经活塞压缩后推开止回阀进入高压油路。如图 11-5 所示。

安装在高压油泵上的燃油压力调节阀有常闭型（通电打开、断电关闭）和常开型（通电关闭、断电打开）两种，出现故障后其诊断方式不同。

1.常开型

常开型燃油压力调节器在不通电的时候是打开的，因为一般出故障后不受控（即不能通电或者通电不工作），因此燃油压力调节阀就一直打开。在进油行程中是可以进油的，回油行程是一直回油的，由于电磁阀无法关闭就无法输油，因此输油行程无法建立油压。

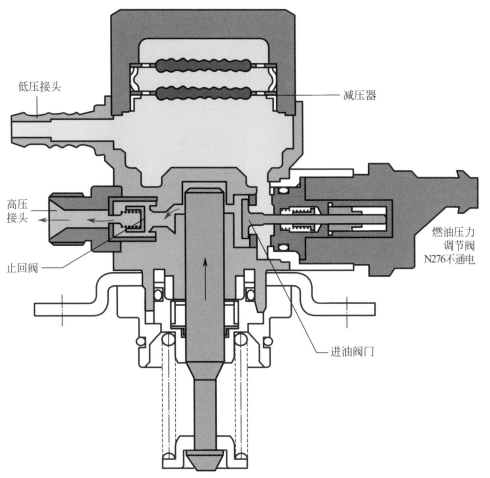

低压接头

减压器

高压
接头

燃油压力
调节阀
N276不通电

止回阀

进油阀门

图 11-5 大众车型油泵原理（输油行程）

2.常闭型

常闭型燃油压力调节器在不通电的时候是关闭的，因为一般出现故障后不受控（即不能通电或者通电不工作），因此燃油压力调节阀就一直关闭。在进油行程的时候因为低压油压本身有 6bar 的压力，所以油压可以推开燃油压力调节阀。在回油行程的时候柱塞腔内的油压高于低压油压，所以阀门自动关闭。在输油行程的时候油压是最高的（系统最高压力），因此高压油泵会出现异响，混合气较浓。

四、喷油器

如图 11-6 所示，缸内直喷系统的喷油器是直喷系统中一个非常重要的部件，顶部置于燃烧室内（温度 500～1100℃），受燃油质量影响较大。如果燃油质量不好会导致喷油器阀芯磨损严重（漏油）或者喷油器卡滞（无法打开）。

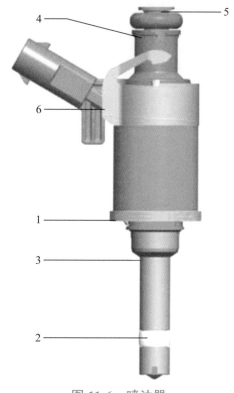

图 11-6　喷油器

1—径向补偿件；2—燃烧室密封圈；3—喷油嘴；4—隔离圈；5—O 形圈；6—支撑环

第三节　控制电路

如图 11-7 所示为 N276 燃油压力调节阀的电气原理，电磁阀一端接在正极（主继电器供电），另一端为电能控制搭铁。ECM 会根据当前发动机负荷、发动机转速等信号计算出燃油压力，接着根据凸轮轴位置传感器确定柱塞位置以控制什么时候给电磁阀通电。

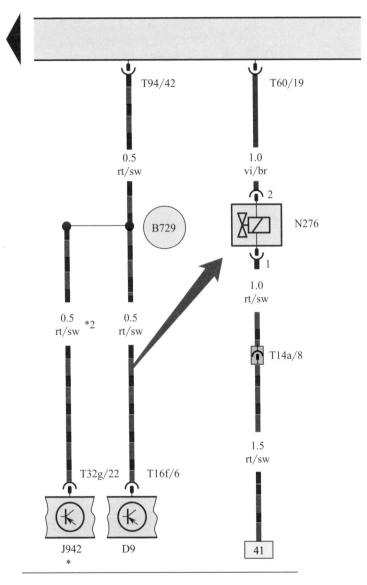

图 11-7　N276 燃油压力调节阀的电气原理

　　如图 11-8 所示，对于缸内直喷的喷油器控制与进气道喷射的车型大不相同，缸内直喷的喷油嘴两根线都是进入 ECM，在控制方式上 ECM 先通过高电压开启喷油器，再使用 12V 电保持喷油器的针阀开启。

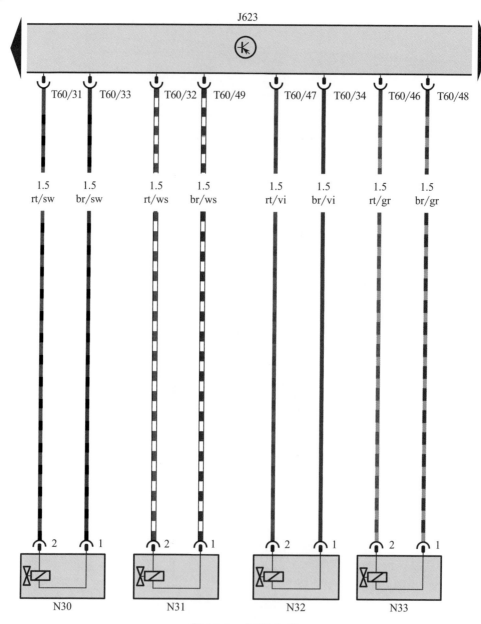

图 11-8　控制电路

　　如图 11-9 所示是缸内直喷喷油嘴的控制电压波形。最开始的时候电脑给喷油嘴施加了一个 63V 的高压电，这样喷油嘴就可以瞬间打开。接着电脑开始以脉冲形式给喷油嘴供电，以保证喷油嘴有足够的电流能保持针阀一直开启。

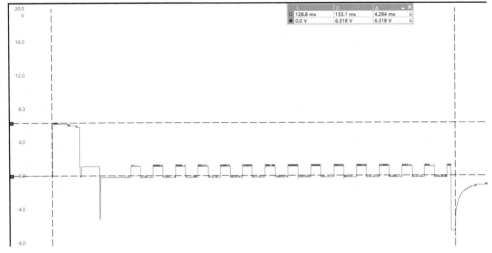

图 11-9　缸内直喷喷油嘴的控制电压波形

　　对于低压燃油泵的控制，现在使用的基本都是按需供给，即按照发动机的需求来控制低压燃油泵是否工作。低压燃油泵基本都是由燃油泵控制单元控制的，燃油泵控制单元受发动机控制单元（ECM）以及车身电脑（BCM）控制。BCM 在开门的时候给燃油泵控制单元一个初始油压建立的信号，接着启动发动机的时候发动机电脑会根据当前的负荷来控制燃油泵的转速。

　　ECM 控制燃油泵转速的时候有两种方案：一种是发动机控制单元通过占空比控制燃油泵控制单元；另一种是发动机控制单元通过总线与燃油泵控制单元通信控制。

　　如图 11-10 所示是大众迈腾的燃油泵控制电路，每一根线的作用如下。

❶ 30 电源。

❷ 发动机控制单元主控。

❸ 15 电源。

❹ 仪表 / 油表显示。

❺ 31。

❻ 31。

❼ J519 预控制。

⑧ 仪表 / 油表显示。

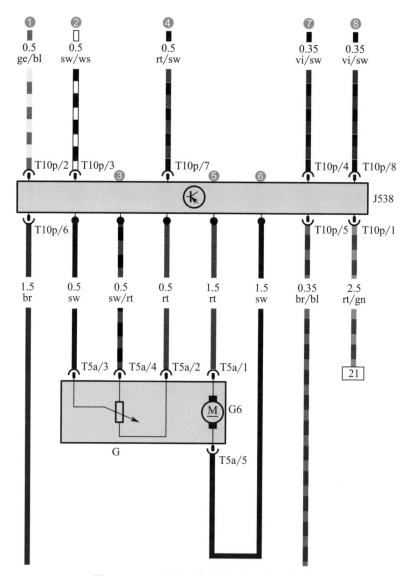

图 11-10　大众迈腾的燃油泵控制电路

汽车电控发动机

构造 · 原理 · 分析 · 诊断 · 维修

第十二章
空燃比燃油修正原理

一、理论空燃比

发动机燃烧的是可燃混合气，可燃混合气是指将燃油与空气按一定的比例充分混合。根据工程师的试验结果证明，将 14.7kg 的空气与 1kg 的燃油充分混合燃烧后完全形成二氧化碳和水，因此也将 14.7∶1 称为理论空燃比（图 12-1）。

14.7∶1

图 12-1　理论空燃比

二、各种工况对空燃比要求

发动机从冷启动开始到后期的加速和减速，要经历各种工况，而每种工况对发动机的空燃比要求是不一样的。

1.冷启动

冷启动时发动机温度较低，燃油不容易雾化。此时需要非常浓的混合气才能让发动机启动。

2.暖机

冷车启动后，ECM 为了使发动机快速进入工作温度，会把发动机转速调高以便让发动机温度快速升高，此时需要较浓的混合气。

3.怠速

怠速时，由于吸入气缸内的混合气数量少，且汽油雾化不良，缸内压力高于进气管压力，为保证混合气能正常燃烧，就必须提高其浓度。

4.小负荷

在小负荷时，也要提供浓混合气，但加浓程度随负荷增加而减小。

5.中等负荷

中等负荷时，节气门开度已足够大，可提供较稀的混合气，以获得最佳燃油经济性。发动机大部分工作时间都处于中等负荷状态。

6.大负荷

大负荷和全负荷时，节气门开度已超过75%，此时应随着节气门开度的加大逐渐加浓混合气，满足发动机的功率要求。实际上，在节气门未全开前如需更大的转矩，只要把节气门进一步开大就能实现，不需通过功率空燃比来提高功率，应继续使用经济空燃比来达到省油的目的。因此，在节气门全开之前，所有的部分负荷工况都应按经济混合气配制。只有在全负荷时，节气门已全开，须提供功率混合气以获得最大功率。

7.急加速

急加速的时候因为发动机需要较大功率，因此会使用功率空燃比，即较浓空燃比。

8.急减速

急减速的时候，发动机会采取断油控制模式。在短时间内发动机电脑不控制喷油嘴喷油。

三、过量空气系数

在实际控制过程中，实际形成的空燃比与理论空燃比肯定是不一样的。衡量实际空燃比与理论空燃比之间的关系可用过量空气系数来表达。

把实际空燃比与理论空燃比之比叫做过量空气系数，用 α 表示。

$$\alpha = \frac{实际空燃比}{理论空燃比}$$

因此可以得出：

❶ $\alpha = 1$ 为实际空燃比等于理论空燃比；

❷ $\alpha > 1$ 为稀混合气；

❸ $\alpha < 1$ 为浓混合气。

第二节　开环控制与闭环控制

一、开环控制

发动机电脑根据进气量来确定基本喷油量，再根据水温、蓄电池（电瓶）电压等修正因素修正喷油量。最后控制喷油嘴的喷油脉宽以达到控制空燃比的目的。但实际上喷出的汽油可能与电脑计算的喷油量有一定的误差，这可能是因为积炭、油压等因素造成的，这样的话实际喷油量与电脑计算的喷油量是不一样的。如果电脑喷油后不对实际喷油量进行监控，则称为开环控制。

二、闭环控制

与开环控制不同，如果发动机电脑通过其他一些传感器来监测上次喷油是多了还是少了，然后在接下来的喷油中进行修正，这种方法称为闭环控制。

发动机的闭环控制中，通过氧传感器来检查实际喷油量。但是氧传感器在温度较低的时候不能正常工作，因此在冷车的时候氧传感器还没有介入工作的时候，电脑没有办法进行闭环控制，所以冷车的时候在数据流中会显示开环控制。在急加速和急减速的时候空燃比控制是一个过渡工况，因此这个时候的空燃比控制也是开环控制。

第十三章
四线式普通氧传感器
工作原理

如图 13-1 所示，氧传感器安装在排气管上，它的作用是将废气中氧气含量信号转换成电信号。ECM 根据这个电信号就可以计算出上次喷油量是多了还是少了（即空燃比是浓了还是稀了），那么在下一次喷油的时候相应地增加或者减少喷油脉宽。

图 13-1　四线式普通氧传感器安装位置

氧传感器根据其安装位置不同分为前氧传感器（S1）和后氧传感器（S2），前氧传感器又称为上游氧传感器，后氧传感器又称为下游氧传感器。

如图 13-2 所示，二氧化锆式氧传感器的电路包括传感器和加热丝两部分。因为二氧化锆式传感器的工作起始温度为 300℃，最佳工作温度为 600℃，所以在冷车的时候为了快速进入闭环控制，ECM 会通过占空比形式控制传感器加热丝进行加热。

二氧化锆式传感器是基于氧浓度差电池原理工作的。如图 13-3 所示，它以红色部分的锆管为工作介质，锆管就是把二氧化锆做成管状的，锆管的内侧和外侧各镀有一层金属铂，称为铂电极。内外侧的铂电极分别引出两根线就是传感器的信号正极与信号负极。锆管的内侧与大气接触，外侧与尾气接触，在工作温度下，如果锆管内外两侧的氧气浓度差不一样，氧离子就会从浓度高的一侧向浓度低的一侧扩散，这样在锆管的两侧就会产生电动势。该电动势就是氧传感器的信号电压。

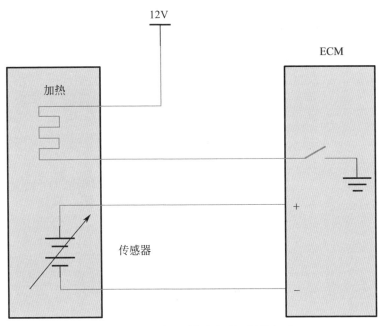

图 13-2　二氧化锆式氧传感器电路

氧传感器的信号近似正弦波的交变信号，信号电压范围在 0 ～ 1V 之间跳变，是一个模拟信号。

当空燃比浓度在理论空燃比 14.7 ：1 时，信号电压约 0.45V。

当空燃比浓度在较浓的位置时，信号电压超过 0.45V，具体电压视混合气浓度而定。

当空燃比浓度在较稀的位置时，信号电压低于 0.45V，具体电压视混合气浓度而定。

二氧化锆式氧传感器只有在理论空燃比附近才能产生跳跃式的信号电压变化，因此被称为跃变式氧传感器、开关氧传感器或者两点式氧传感器。在偏离理论空燃后其信号电压与实际空燃比不成线性关系，因此 ECM 只能通过该传感器判断出空燃比是浓了还是稀了，而无法判断浓了多少或者稀了多少，所以该传感器并不能精确地控制空燃比。

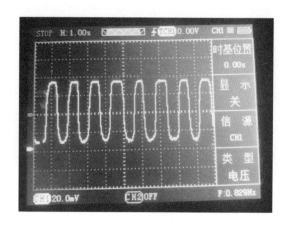

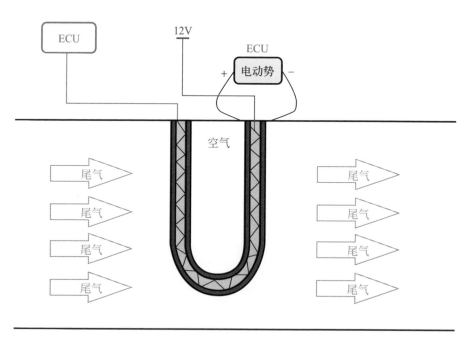

图 13-3　二氧化锆式氧传感器工作原理

同时氧传感器的实时性要求比较强，所以电脑会不断地控制空燃比在 14.7∶1 附近来回不断变化，而氧传感器信号电压也应该在 0.45V 上下不断变化。根据经验，氧传感器信号电压在 0.45V 上下变化的次数为每 10s 大约 8 次。如果变化太慢，电脑会认为氧传感器老化了。

如图 13-4 所示。

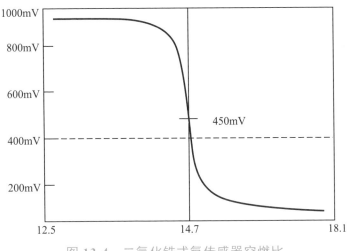

图 13-4　二氧化锆式氧传感器空燃比

第二节　氧传感器的故障检测

一、加热电路的检查

当氧传感器加热电路出故障后，发动机电脑会记录如下故障码。

> P0135：B1/S1 加热电路故障。
> P0136：B1/S2 加热电路故障。
> P0155：B2/S1 加热电路故障。
> P0156：B2/S2 加热电路故障。

如果遇到以上故障码，首先应找到相应的传感器，对照电路图确定该传感器的加热线的电源是否正常，如果不正常则对照电路图检查电源。

如果不正常可使用万用表测量传感器的加热线是否导通，如果加热线开路则直接更换传感器；如果正常则检查控制线。

一般使用试灯替代传感器加热线的方案，把试灯串联进线路中，接着着车观察试灯是否点亮，如果无法点亮。

若无法点亮则接着检查传感器插头到电脑板的线路是否开路，如果没有开路则更换电脑；如果开路修复即可。

二、传感器信号故障

当电脑检测到传感器信号电压不合理时就会报出相应的故障码。

P0130：B1/S1 电路电压信号不合理。

P0131：B1/S1 电路电压信号过低。

P0132：B1/S1 电路电压过高。

P0133：B1/S1 信号变化过慢。

P0134：B1/S1 电路活性不足。

P0150：B2/S1 电路电压信号不合理。

P0151：B2/S1 电路电压信号过低。

P0152：B2/S1 电路电压信号过高。

P0153：B2/S1 信号变化过慢。

P0154：B2/S1 电路活性不足。

汽车电控发动机 构造·原理·分析·诊断·维修

在遇到以上故障码的时候，首先心中要明白这个故障码是电脑识别到氧传感器信号不符合逻辑才保存的。氧传感器信号正常情况下是在 10s 内有 8 次左右的变化，且变化是由电脑主动控制混合气浓度造成的，所以一旦电脑主动调节空燃比浓度而传感器电压没有做出相应的变化，几个工作循环后电脑就会留下相应的故障码。

在上面的故障码中，P0133、P0134、P0153、P0154 这几个故障码基本是因为氧传感器的老化导致的，但是也需要我们进一步验证。验证方法是人为调整空燃比浓度，观察氧传感器反应速率，拆下氧传感器观察外观是否正常。

氧传感器正常外观是淡淡的灰色，如果颜色不对则需要更换。

如图 13-5 所示，白色的氧传感器，主要是因为燃油或者机油中含有过多的硅元素造成的。硅元素本身不能燃烧，在经过排气管的时候，因为高温的作用，硅元素与其他的成分形成络合物，覆盖在氧传感器表面，导致其完全失效。此时氧传感器已经无法进行修复，只能更换。

图 13-5　白色的氧传感器

如图 13-6 所示，棕色的氧传感器，主要是因为燃油中含有过多的铅元素。过去的燃油中对铅元素的含量没有严格要求，所以氧传感器被铅元素覆盖的情况并不少见，而现在因为已经严格要求使用无铅汽油，所以氧传感器被铅元素污染的情况，得到了很好的改善。但是仍然不排除，有的人可能加了劣质的汽油，导致铅污染（也叫铅中毒），此时也是需要更换的。

如图 13-7 所示，黑色覆盖也就是积炭了，燃油不充分燃烧就会产生积炭，部分积炭会残留在发动机的内部，部分则会随着尾气排出，所以很多人都会发现，排气管内部逐渐变黑，而氧传感器其实也受到了积炭的覆盖变黑。不过积炭覆盖其实是可以修复的。

其他故障码的出现，可能的故障点大概有以下两个方面，如图 13-8 所示。

1.传感器到电脑的信号线路故障

这个较容易检查，只需要检查传感器到电脑的线路是否虚接 / 开路即可。

图 13-6　棕色的氧传感器

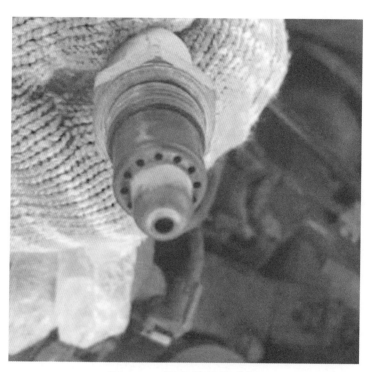

图 13-7　黑色的氧传感器

数据流名称	值	E←M	标准范围	单位	
空气流量(克每秒)	3.72		0 - 175	克每秒	
空气流量(伏特)	1.06		0 - 5	伏特	
要求的歧管绝对压力(千帕)	25.61			千帕	
总失火次数	851				
加热式废气氧传感器(缸组1,传感器1)(伏特)	0.75		0 - 1	伏特	
加热式废气氧传感器(缸组1,传感器2)(伏特)	0.65		0 - 1	伏特	
s/s 功能受抑原因 电池充电状态 电量太低，无法启动/停止	未激活				
s/s 功能受抑原因 电池充电状态 电量太低，不能满足车辆启动要求	未激活				
由于诊断测试而设置的故障码数量	0				
校正的进气歧管绝对压力(千帕)	24			千帕	
来自传感器1的加速踏板位置(百分比)	5.1 (7 / 12)		0 - 100	百分比	

数据流显示

中国福特 V47.50 > 自动搜索 > 系统选择 > PCM （动力控制模块）

图 13-8　数据流

2.传感器故障

判断是不是传感器故障可以拆下来观察其颜色是否有明显的变化，也可以使用解码器读取数据流。与好的氧传感器进行对比，一个好的氧传感器其信号电压一直在 0.45V 上下跳变，如果传感器故障，它的信号电压就会不正常。还可以采用急加油再急收油的方法来判断传感器是不是有故障，急加油/急收油的时候空燃比控制是开环控制，因此相应的氧传感器电压也是一样同步变化。

但是如果因为混合气故障或者发动机机械故障导致的空燃比不对或者燃烧不充分，氧传感器信号电压也会不对。所以但凡有空燃比失调故障或者机械故障，应先修好，最后再修氧传感器故障。

第十四章
A/F 传感器与宽频氧传感器

四线式 A/F 传感器（极限电流型）的代表车型是本田车系，在二氧化锆元件与加热器之间设有一个排出气体不能进入的大气导入室。二氧化锆元件与扩散层之间有一个排出气体检测室，这是为了限制扩散层通过的排气量。而在二氧化锆元件的大气侧与排气侧各有一个白金电极。

与氧传感器的主要不同就是扩散层，还有就是在 ECM/PC 传感器两个电极上加载了电压。A/F 传感器就是通过流过电极间的电流值来进行判断的。

这个电流值如图 14-1 所示，浓度高时为正值，浓度低时为负值。端子线共有 4 根，分别是二氧化锆元件 2 个电极上的 2 根，以及加热器正负极的 2 根。

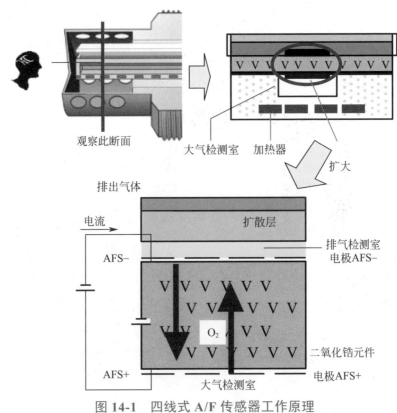

图 14-1　四线式 A/F 传感器工作原理

一、基本工作原理

进入排气检测室的排出气体，被扩散层控制在一定量，因此对二氧化锆元件加载电压，当浓度低时将排气检测的氧气吸到大气检测室，而在浓度高时从大气导入室吸入排气检测室，这样就可以用排气检测室内的 A/F 来得到理论空燃比。为了使排气检测室内保持理论空燃比，加载电压后使氧气移动时，与排气 A/F 相对应的氧气就会通过二氧化锆元件。由于通过 AFS+ 与 AFS- 间的电流值与其氧气量是成比例的，因此通过测定电流，就可以得到此时的排气的 A/F。如图 14-2 所示。

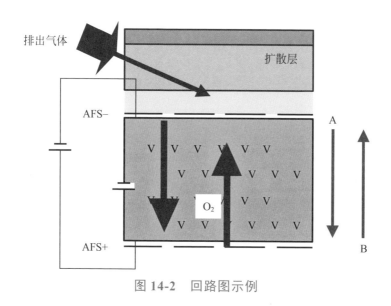

图 14-2　回路图示例

二、测定电压值

A/F 传感器用于检测电流值。由于电流值的直接检测会使 ECM/PCM 或是传感器产生故障，因此比较困难。在这里说明一下如何检测电压。

这种类型的 A/F 传感器在工作时，AFS+ 与 SG 之间的电压常常是在 2.2V 的附近值（根据车型不同，也会有不同情况）。如图 14-3 所示。

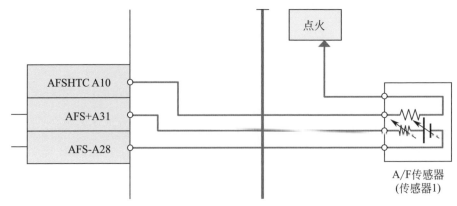

图 14-3　测定电压值

ECM/PCM 如果要变更 AFS 值的话，就要控制流过二氧化锆元件的氧气量。

AFS+ 和 AFS- 之间的电压在理论空燃比时输出为 0.45V，浓度高时会稍低（如 0.4V），浓度低时则会稍高（如 0.5V）。但是，实际上为了取得电流值而使用的电压值，有可能会由于老化而出现变动，因此有可能出现与上述不同的数值，这一点需要注意。

三、四线式 A/F 传感器详细的工作状况

1.浓度高的情况

二氧化锆元件会产生电动势，从而对 A 向加载电压。对与此相反方向的 B 则是由 ECM/PCM 来稍加电压，形成的电动势大，且朝向 A 的加压状态，所以氧气由大气侧向排气侧（A′）移动。另外，由于从扩散层进入的排出气体受到限制，与吸入的氧气反应，排气中的 HC 或 CO 也受到限制。由于这些作用，排气检测室内的 A/F 在达到理论空燃比之前，氧气就一直在移动。因此，二氧化锆元件中只流过为达到理论空燃比所必要的氧气，这时通过检测电流就可以得到排出气体的 A/F。

2.浓度低的情况

由于二氧化锆元件不会产生电动势，根据 ECM/PCM 对 B 向加载的电压，使氧气由排气侧向大气侧（B′）移动，强制性地使排气检测

汽车电控发动机　构造·原理·分析·诊断·维修

室的 A/F 达到理论空燃比。二氧化锆元件在特性上，不能使排气检测室内比理论空燃比的浓度高（注意），即使再加大加载电压，流过的电流也不会增加（增加是指向 A 方向流动的氧气）。这个称为极限电流，测定出这个时候的电流值就可以得到 A/F。

这种类型的传感器生产厂家是 DENSO（2006 年到现在）。

四、特性修正

如图 14-4 所示，传感器的电流特性是根据内部阻抗的变化而变化，因此 ECM/PCM 从加载在 A/F 传感器上的电压与检测出来的电流，以一定间隔来检测内部阻抗。其内部阻抗与传感器的激活状态有关，也可以判断出是否被激活。

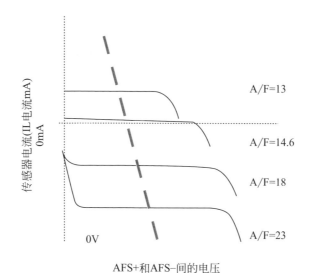

图 14-4　四线式 A/F 传感器的电流特性

第二节　五线式 A/F 传感器

如图 14-5 所示，五线式 A/F 传感器工作的基本原理源自二氧化锆的可逆性，前面说到二氧化锆在两边氧气浓度差不一样时，其两侧会产生一个电动势。反过来给二氧化锆一个电动势，二氧化锆也会将氧气从一侧泵至另一侧，即单元泵。

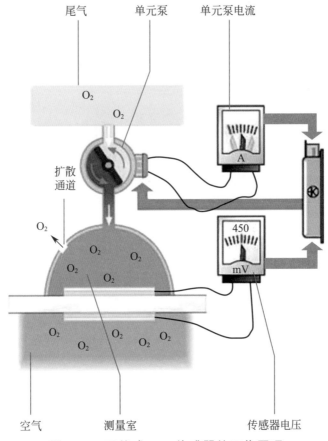

图 14-5　五线式 A/F 传感器的工作原理

发动机电脑 ECM 给单元泵供电，单元泵就会把废气中的氧气泵入测量室，此时测量室内的氧气含量大于空气中的氧气含量（且测量室内的氧气以一定的速度扩散至空气中），氧电池就会发电，ECM 一直监控着氧电池的电压使其保持在 0.45V。

当混合气浓时，废气中的氧气含量减少，那么测量室的废气含量也就相应减少。ECM 会加大单元泵的电流以保持氧电池的电压为 0.45V。

当混合气过稀的时候，废气中的氧气含量增加，那么测量室内的废气含量也就相应增加。ECM 会减小单元泵的电流以保持氧电池的电

汽车电控发动机　构造·原理·分析·诊断·维修

压为 0.45V。

五线式 A/F 传感器的电路结构为（图 14-6）：

❶ 泵电流控制；

❷ 校准电阻；

❸ 虚拟地；

❹ 氧电池信号；

❺ 加热线控制；

❻ 加热线电源。

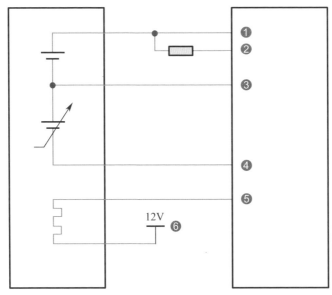

图 14-6　五线式 A/F 传感器的电路结构

实际电路中，虚拟地对蓄电池负极之间的电压为 1.5V 或者 2V（因车型不同而不同），泵电流控制电压在虚拟地上下变化以控制泵电流流向。校准电阻在新款的传感器上基本已取消，如果还有则它的电压与泵电流控制一样。氧电池信号电压与虚拟地之间保持 0.45V 不变。加热线与四线普通氧传感器一样。

在实际维修中，解码器中的数据流显示的实际就是泵电流控制的电压或者电流。每款车的虚拟地电压都不同，需要在工作中多多总结，表 14-1 可作为参考。

表 14-1　常见车型宽频氧传感器数值含义对照

车系	过量空气系数与宽频氧传感器电压之间的关系
大众 / 奥迪	正常情况下数据流在 1.0 ～ 2.0V 之间来回变化；$\lambda = 1$ 时电压在 1.5V 左右，电压低于 1.5V 代表混合气浓，高于 1.5V 代表混合气稀
宝马 / 日产	$\lambda=1$ 时电压是 2V。电压低于 2V，说明混合气浓；高于 2V，说明混合气稀
丰田	$\lambda=1$ 时电压是 3.3V。电压低于 3.3V，说明混合气浓；高于 3.3V，说明混合气稀
本田车系	$\lambda=1$ 时电流值在 0 或者 128mA 附近，小于 0 或者小于 128mA 时，说明混合气稀；当电流值大于 0 或者大于 128mA 说明混合气浓

第十五章
燃油修正数据流分析

第一节　短期 / 长期燃油修正数据

短期燃油修正也叫实时修正，它是根据氧传感器的电压变化实时修正喷油脉宽。因此短期燃油修正的数值一直在跳变，且是以 0 为中心上下变化。

以普通四线氧传感器信号与短期燃油修正之间的关系简单说明短期燃油修正数据变化逻辑，当氧传感器的电压低于 0.45V 时说明混合气稀，此时电脑就会增加喷油脉宽。增加的量就在短期燃油修正显示为 +1%，如果增加 1% 时喷油脉宽氧传感器电压还是不超过 0.45V，则会继续增大喷油脉宽至 2% 以指导信号电压越过 0.45V。越过 0.45V 后电脑则认为混合气浓，那么就会减小喷油脉宽。所以短期燃油修正里面就会减掉喷油脉宽，即 -1%。

因此正常无故障的车辆，短期燃油修正就在 0 左右变化。如图 15-1 所示。

短期燃油修正	21	-100.00 - 100.00	%	
长期燃油修正	70	-100.00 - 100.00	%	

图 15-1　燃油修正

短期燃油修正的目的是保证喷油脉宽始终在 0 左右变化，因此一旦因为某些原因导致混合气控制失调，电脑在短期燃油修正的时候需要增加 10% 才能让前氧电压越过 0.45V，而让信号电压低于 0.45V，只要在短期燃油修正 -1% 即可，因此短期燃油修正就不在 0 左右修正了，那么电脑就会自动把多出的 +10% 燃油修正数值学习到长期燃油修正中。

第二节　各车型数据流特点

一、大众车型

老款大众车型的数据流都是需要通道号才能查看的，而现在新款的车型支持列表模式查看。老款车型的燃油修正数据流在 30 ～ 43 组，其中每项数据流的含义如表 15-1 ～ 表 15-5 所示。

表 15-1　第 030 组数据流（氧传感器状态）

030	λ 调节，单列发动机	怠速	三元温度大于 350℃	
数据项	B1/S1 调节状态	B1/S2 调节状态	B1/S3 调节状态	
规定值	01111	1111	1111	
经验值	01111	1111	1111	
	λ 调节，双列发动机	怠速	三元温度大于 350℃	
数据项	B1/S1 调节状态	B1/S2 调节状态	B2/S1 调节状态	B2/S2 调节状态
规定值	01111	1111	01111	1111
经验值	01111	1111	01111	1111

表 15-2　二进制含义说明

030-1/3：空燃比调节					
1	2	3	4	5	含　义
				1	1 代表闭环；0 代表开环
			1		氧传感器准备就绪，无故障
		1			氧传感器加热接通
	1				TWC 清除功能启用
0					1 代表分缸空燃比控制；0 代表没有分缸控制

030-2/4 氧传感器控制				
1	2	3	4	含　义
			1	1 代表氧传感器控制启动；0 代表氧传感器没用控制
		1		氧传感器准备就绪
	1			氧传感器加热接通
1				1 代表氧传感器控制启动；0 代表氧传感器没用控制

主要数据流解释（030区第二位）：TWC清除功能是指在发动机启动或者急减速断油后，三元中的氧气较多，因此不能对废气进行催化转换。为了提高催化效率，此时称浓混合气这个过程叫做TWC清除功能。

表15-3　第031组数据流（氧传感器电压）

031	前后为普通氧传感器　急速　空燃比控制			
数据项	B1/S1电压	B1/S2电压	B2/S1电压	B2/S2电压
规定值	0.1～0.9V	0.1～0.9V	0.1～0.9V	0.1～0.9V
经验值	0.1～0.9V	0.6V	0.1～0.9V	0.6V
031	前宽域　后普通　急速　空燃比控制			
数据项	B1/S1电压	B1/S2电压	B2/S1电压	B2/S2电压
规定值	1.4～1.6V	0.1～0.9V	1.4～1.6V	0.1～0.9V
经验值	1.5V	0.6V	1.5V	0.6V

普通氧传感器的电压在0.1～0.9V变化，以0.45V为中线，大于0.45V为混合气浓；小于0.45V为混合气稀。宽域氧传感器的电压在1.4～1.6V变化，大于1.5V为混合气稀；小于1.5V为混合气浓。后氧传感器的电压基本保持在0.6～0.8V，当电脑主动进行系统测试的时候会在0.2V。

表15-4　第032组数据流［氧传感器学习值（最大）］

032	急速	行车	急速	行车
数据项	B1急速λ学习+	B1部分负荷λ学习值X	B2急速λ学习+	B2部分负荷λ学习值X
规定值	−5%～5%	−10%～10%	−5%～5%	−10%～10%
经验值	−3%～3%	−5%～5%	−3%～3%	−5%～5%

032-1：加法修正/急速时空燃比学习。加法修正喷油脉宽在固定值变动，与基本喷油脉宽无关。

汽车电控发动机
构造·原理·分析·诊断·维修

032-2：乘法修正 / 部分负荷时空燃比修正。乘法修正喷油脉宽按基本喷油脉宽的比例（%）变动。

表 15-5　第 033 组氧传感器控制值（瞬间值）

033	普通氧传感器　怠速　前氧瞬时修正			
数据项	B1/S1 修正值	B1/S1 电压	B2/S1 修正值	B2/S1 电压
规定值	$-10\% \sim 10\%$	$0.1 \sim 0.9V$	$-10\% \sim 10\%$	$0.1 \sim 0.9V$
经验值	$-10\% \sim 10\%$	$0.1 \sim 0.9V$	$-10\% \sim 10\%$	$0.1 \sim 0.9V$

033	宽域前氧传感器　怠速　前氧瞬时修正			
数据项	B1S1 修正值	B1S1 电压	B2S1 修正值	B2S1 电压
规定值	$-10\% \sim 10\%$	$1.4 \sim 1.6V$	$-10\% \sim 10\%$	$1.4 \sim 1.6V$
经验值	$-10\% \sim 10\%$	$1.5V$	$-10\% \sim 10\%$	$1.5V$

二、通用车型混合气数据流分析

通用车型混合气数据流分析如表 15-6 所示，具体说明如下。

表 15-6　2012 年 1.6L LDE 发动机数据流分析

数据流名称	数值	标准范围	单位
发动机转速	787	$0 \sim 8000$	r/min
质量空气流量传感器	2.47	$0 \sim 655.35$	g/s
负荷	24.71	$0 \sim 100$	%
歧管绝对压力传感器	30	$0 \sim 255$	kPa
加热型氧传感器 1	0.7	$0 \sim 2.00$	V
加热型氧传感器 2	0.7	$0 \sim 2.00$	V
短期燃油修正	−5.88	$-100 \sim 100$	%
长期燃油修正	0.39	$-100 \sim 100$	%
节气门位置	8.26	$0 \sim 100$	%

发动机转速为实际发动机转速。

质量空气流量计为进气流量实际测量到发动机当前的进气量，一般怠速无负荷时该车型进气量为 2.47g/s 左右，如果小于这个数值一般可能是流量计故障或者进气流量计后方漏气。

负荷为发动机电脑通过进气量与发动机转速以及节气门开度计算出当前的发动机负荷，正常值在 25% 以内，如果在怠速无负荷情况下负荷过大，可能是因为发动机功率下降或者相关传感器信号失真。

歧管绝对压力传感器监测发动机进气管内当前的实际压力，正常值在 30kPa 左右，如果过大即说明发动机气缸工作不良，导致气缸工作不良的原因可能是气缸密封性、配气相位、点火强度、混合气浓度。

加热型氧传感器 1 为发动机前氧传感器，安装在三元催化器前方，用于检测排气管内的氧气浓度。该传感器为四线式普通氧传感器，正常工作电压在 0.1 ～ 0.9V 以每秒 8 次变化，变化范围是在 0.45V 上下。如果传感器信号一直在某一个电压不变，可能是混合气浓度无法修正或者氧传感器卡滞导致的。

加热型氧传感器 2 为后氧传感器，安装位置是三元催化器后方。正常信号电压为 0.6 ～ 0.7V，变化幅度小且慢。这说明三元催化器储氧能力好，如果信号变化接近前氧变化，说明三元催化器储氧能力差，即三元老化。

短期燃油修正是一个计算值，通过前氧传感器的数据来修正喷油脉宽，一般在 ±10% 以内变化。如果是正数，即说明当前混合气浓度偏稀；如果是负数，即说明当前混合气浓度较浓。

长期燃油修正是通过短期燃油修正学习的值，一般在 ±10% 以内。短期燃油修正如果长期在 +5% 或者 -5%，就会把这个值移做长期燃油修正，那么短期燃油修正恢复为 ±0% 变化。

节气门位置传感器反馈实际节气门开度值，通用车型一般在 8% 左右。如果开度过大，可能为发动机功率下降，转速过低，或者节气门积炭过多；如果节气门开度过小，说明节气门后方可能有漏气。

汽车电控发动机 构造·原理·分析·诊断·维修

三、本田车型数据流分析

本田车型数据流分析如表 15-7 所示，具体说明如下。

表 15-7　2016 年飞度 L15B3 发动机（1.5L）数据流分析

名称	数值	参考值	单位
发动机转速	700	0～9973	r/min
MAP 传感器	30	1～255	kPa
MAF 传感器	1.7	0～50	g/s
CLV（计算负荷值）	20	0～100	%
节气门开度	3.9	0～99	(°)
空燃比传感器	0	−1～1	mA
空燃比反馈值（短期性燃油调整）	0.94	0～1	
空燃比反馈平均值（长期性燃油调整）	0.94	0～1	
HO2S S2	0.65	0～5	V

发动机转速为实际发动机转速。

MAP 传感器为进气歧管压力传感器，监测进气管的实际压力，正常值为 30kPa 左右，如果过大即说明发动机气缸工作不良。导致气缸工作不良的原因可能是气缸密封性、配气相位、点火强度、混合气浓度。

MAF 传感器为空气流量计，其进气流量指实际测量到的发动机当前进气量，一般怠速无负荷时该车型进气量为 1.7g/s 左右，如果小于这个数值，一般可能是流量计故障或者空气流量计后方漏气。

CLV（计算负荷值）为发动机电脑通过当前的进气量与最大进气量进行比较计算出当前的发动机负荷值。

节气门开度为节气门位置传感器反馈的实际节气门开度值。本田车型一般在 4% 左右。如果开度过大，发动机功率下降，转速过低，或者节气门积炭过多；如果节气门开度过小，说明节气门后方可能有漏气。

空燃比传感器为前氧传感器，该车型使用的前氧传感器为电流型空燃比传感器，正常数值为 0mA，小于 0mA 代表排气管中氧气含量高（混合气稀）；大于 0mA 代表排气管中的氧气含量低（混合气浓）。

空燃比反馈（短期性燃油调整）为过量空气系数值，根据前氧传感器实时修正。标准空燃比下过量空气系数值为 1，如果小于 1 代表混合气偏浓；如果大于 1 说明混合气偏稀。

空燃比反馈平均值（长期性燃油调整）为过量空气系数值，根据前氧传感器修正学习以及后氧传感器计算得出，标准空燃比下过量空气系数值为 1，如果小于 1 代表混合气偏浓；如果大于 1 说明混合气偏稀。

HO$_2$S S2 安装位置是三元催化器后方。正常信号电压为 0.6 ～ 0.7V，变化幅度小且慢。这说明三元催化器储氧能力好，如果信号变化接近前氧传感器变化，说明三元催化器储氧能力差即三元老化。

第十六章
混合气过浓数据流分析

　　在前面的章节中介绍了发动机混合气的控制方式，其主要由电脑根据发动机的实际进气量、发动机当前负荷来计算出需要的燃油以及燃油压力的控制，最后通过控制喷油嘴的打开时间（喷油脉宽）来控制实际空燃比。燃油在气缸内燃烧后通过排气管排出，在排气管中会有相应的传感器来检查排气管的含氧量来实现空燃比的闭环控制。

　　但是在实际控制中，可能会因为进气量测量的失误、燃油压力控制漂移以及空燃比反馈信号失常等导致实际空燃比与发动机电脑的目标空燃比出现误差，一般小的误差会在燃油修正中修正回来。但是如果误差过大，电脑就会记录相应的故障码 P0172。如图 16-1 所示。

图 16-1　混合气过浓故障码

　　一般发动机系统记录了该故障码，实际对发动机影响可能不是很大，但是如果混合气浓度偏移太大，已经超过了燃油修正的范围，就会导致排气冒黑烟、油耗增加甚至热车难启动。

汽车电控发动机　构造·原理·分析·诊断·维修

第二节 故障点分析

在实际维修中，遇到该故障一般都是客户报修发动机故障灯点亮，没有实际故障现象（例如加速无力、怠速抖动），除非燃油修正已经超出调整范围很大才会导致冒黑烟、热车难启动的故障。当然还有一类故障是空燃比实际很稀，但是发动机电脑报的故障却是浓，这类故障我们要区别对待。

那么在遇到该类故障时要把维修方向锁定在进气系统、燃油喷射系统、空燃比反馈系统。

一、进气系统故障

进气系统导致混合气浓的故障，多数是因为进气系统的进气流量传感器导致的。进气流量计测量的进气量大于实际进气量，发动机电脑根据传感器的信号来控制空燃比就会导致混合气浓。

如何确定空气流量计到底有没有故障？这需要我们通过解码器的数据来判断。在读取数据流的时候需要注意的是先热车，然后在发动机怠速、无负荷的时候来读取发动机系统进气流量计的数据流。

那么很多人会问一辆车的标准数据流是多少？其实没有绝对的标准数据流，只有相对当时工况是否合理的数据流。因此本书中提到读取数据流都在发动机热车、无负荷的时候读取。这样就可以帮助我们记忆一些常见车型的怠速工况的数据流，用作判断故障时作以参考，如下所示。

2017年产别克君越2.0L发动机在怠速的时候标准数据流为2.67g/s。如图16-2所示。

2015年产福特翼博1.5L发动机在怠速的时候标准数据流为1.66g/s。如图16-3所示。

如图16-4所示，2019年产大众迈腾2.0L发动机在怠速的时候标准数据流为2.33g/s。

图 16-2　2017 年产别克君越 2.0L 发动机在怠速时的标准数据流

图 16-3　2015 年产福特翼博 1.5L 发动机在怠速时的标准数据流

名称 ⊕ 已选择4项	值	单位
☑ 标准负荷值 ⊙	2.7	%
☑ 冷却液温度 ⊙	89	°C
☑ 发动机转速 ⊙	717	rpm
☑ 空气质量, 实际值 ⊙	2.33	g/s
☐ 基本设置的状态 ⊙	还未开始	
◀ 操作说明 ⊙	--无显示--	
☐ 标准测试的实际部分 ⊙	0	
☐ 控制元件测试状态 ⊙	未激活	

图 16-4 2019 年产大众迈腾 2.0L 发动机在怠速时的标准数据流

1rpm=1r/min

这些数据流需要在日常维修作业中多观察、多记忆，现在网络上流行一个说法叫做发动机排量乘以 1.29 就等于怠速时发动机的进气量，这个说法可以做参考，但是实际还是有很大误差的。对于日系车，计算出来偏大；对于德系车，计算出来偏小；对于美系车，计算出来也偏小一点。所以最好的做法还是在维修作业中多记忆。

有了参考的数据流我们就要把故障车的数据流和无故障车的数据流做参考，观察空气流量计的数值是不是比正常的偏大。如果偏大，基本可以确定是空气流量计本身的故障。如果该车带涡轮增压，还需要先检查涡轮增压机后方是不是漏气，如果漏气也会导致空流数值变大。

二、燃油系统故障

燃油系统故障可以理解为喷油器把油喷多了。导致喷油器把油喷多了的原因大致有以下几种。

1.燃油压力过高

若燃油压力过高，在同样的喷油时间内会喷射出更多的燃油，因此会导致混合气过浓。燃油压力过高故障的部位一般在燃油压力调节阀、燃油滤清器（有的外置燃油滤清器是分压力型号的，容易装错）。

2.喷油嘴故障

喷油嘴密封不严会导致滴油，因此一定会导致混合气浓。还有一种情况是在维修过程中更换了错误的喷油嘴型号，导致喷油量变大。

3.高压燃油泵内漏

高压燃油泵内漏会导致汽油进入机油内，使机油增加。机油中的汽油在高温下会蒸发成汽油蒸气，汽油蒸气经过曲轴箱强制通风管进入发动机气缸，即导致混合气过浓。

三、空燃比反馈系统故障

空燃比反馈系统导致的故障码 P0172 是一个伪故障，生成机理为氧传感器错误地检测到混合浓（实际正常）。发动机电脑就会根据这个错误的信号去调整空燃比，因为氧传感器检测出来是混合器浓，因此需要减少喷油量。但是实际空燃比是正常的，因此越减越小，所以最后出现故障码为混合气浓。但发动机实际故障为怠速抖动、启动困难、加速无力，遇到这种情况只需要更换氧传感器即可。

第三节　故障排除步骤

懂原理、会分析才能轻松解决故障。有了上面的知识，大部分人对发动机混合气的故障会有全新的认识，那么在实际车间维修过程中如何才能快速解决混合气故障呢？首先客户来报修的时候一定不会说我的车混合气浓，你帮我修下，客户会说我车亮故障灯或者说车有哪些故障现象，需要我们的技师来确定故障在哪个方向。

这时候可观察发动机的各种工况是否正常，通过解码器读取故障码来分析接下来的维修方向。

如果系统仅仅只有一个或者多个关于混合气的故障，那么该车故障就是单纯的混合气故障。如果还有其他故障码，则需要综合分析看看哪个故障才是本次客户报修的故障现象的故障点。

　　确定了维修方向，接下来就是通过数据流先确定进气系统的故障，然后根据该车型的燃油系统结构来检修燃油系统，这样就可以快速解决故障现象。

第十七章
混合气过稀数据流分析

第一节 混合气过稀故障表现与故障码

在第十六章节中详细讲述了发动机混合气过浓的故障生成机理以及检修流程，那么这一章将详细讲解发动机混合气过稀的故障生成机理以及检修流程。

混合气过稀与混合气过浓的生成机理刚好相反，即混合气过浓是因为油多气少，而混合气过稀则是油少气多。如果发动机控制单元通过排气管上的前氧传感器检测到混合气过稀，则发动机控制单元就会设置故障码 P0171，如图 17-1 所示。

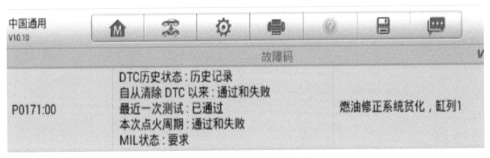

中国通用 V10.10							
	故障码						V
P0171:00	DTC历史状态:历史记录 自从清除 DTC 以来:通过和失败 最近一次测试:已通过 本次点火周期:通过和失败 MIL状态:要求				燃油修正系统贫化，缸列1		

图 17-1　混合气过稀故障码

一般发动机控制单元如果记录了该故障码后，根据当前混合气失调程度可能会有不同的故障现象。如果混合气偏稀，但是还在燃油修正调整范围内，那么只有故障码，如果已经超出了燃油修正的范围，轻则发动机加速无力、怠速轻微抖动，如果严重的话直接导致启动困难、启动后加速熄火等故障。

第二节 故障点分析

发动机控制单元储存了 P0171 类的故障码，说明发动机控制单元检测到了空燃比偏稀。导致空燃比偏稀的故障远比空燃比偏浓要多得多，下面进行详细分析。

一、进气系统故障

进气系统导致的混合气稀一般都是漏气造成的。现在的发动机进气系统与曲轴箱废气再循环系统比较复杂，如果出现管路连接不好，漏气就会导致部分空气未经空气流量计计算直接进入发动机气缸内部，发动机电脑则不会对这部分空气分配燃油，因此就一定会导致混合气过稀的故障。

如果是 L 型进气系统，空气流量计信号偏小，就会导致发动机实际进气量大于空气流量计检测进气量，多余的空气没有配比燃油，这样就会导致混合气偏稀。但是在实际维修中，无论是空气流量计故障还是进气系统漏气，在发动机电脑的数据流中空气流量计的数值都是偏小的，因此单单从空气流量数据流上面没有办法精确判断是不是空气流量计故障。

二、燃油系统故障

燃油系统导致混合气过稀主要是因为喷油嘴喷入气缸的油比发动机控制单元目标燃油少，导致这个问题的原因大致如下。

1. 燃油压力过低

燃油压力过低时喷油嘴同样的喷油脉宽喷射出的燃油就会比目标值少，这里需要对燃油压力进行测试。如果燃油压力不足，需要检查燃油泵和燃油滤清器。

2. 喷油嘴堵塞

喷油嘴堵塞会导致实际喷射出的燃油少于目标喷射燃油，这需要把喷油嘴拆下打启动，观察喷油油束的形状，如有必要可以使用喷油嘴清洗剂测试。

3. 高压油路故障

现在很多汽车使用缸内直喷技术，缸内直喷型发动机通过一个机械油泵把汽油压力升到 50～200bar，如果该系统出现故障，可能会导致油压不足，从而导致混合气过稀。

汽车电控发动机 构造·原理·分析·诊断·维修

第三节　故障排除步骤

发动机混合气过稀一般会导致发动机出现的故障现象有：怠速抖动、加速无力、排气管烧红、油耗大、仪表故障灯点亮。因此客户如果报修的故障有以上故障现象，请先使用解码器读取发动机的故障码，再根据故障码分析此次故障是一个单纯的混合稀故障，还是伴随着其他故障码，如果有关于进气系统或者燃油系统以及配气系统的故障码，应优先处理。

如果只是单纯的混合气稀故障，先检查进气系统是否漏气。因为进气系统漏气故障是平时维修中遇到最多的故障之一。检查方法是使用烟雾测漏仪（图17-2）在空气滤清器后方测试，保证整个进气系统、曲轴箱都没有漏气的地方。

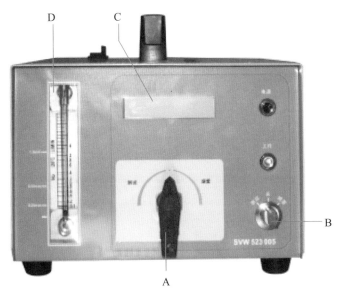

图 17-2　烟雾测漏仪

A—流量控制阀；B—工作模式开关；C—压力显示器；D—流量计

检查进气系统没有故障后，还需要对燃油系统进行检查，燃油系统主要检查方向如下。

一、燃油压力过低

燃油压力过低会导致同样的喷油脉宽喷油量变小，因此实际进入气缸的汽油就偏少，从而导致混合气过稀。

二、燃油系统堵塞

燃油系统堵塞一般为汽油滤清器堵塞，燃油系统堵塞会导致汽油压力过低。

三、喷油嘴堵塞

喷油嘴堵塞会导致实际同样的喷油脉宽下喷油量变小，那么实际进入气缸的汽油就偏少，从而导致发动机混合气过稀。

四、高压燃油压力过低

配置缸内直喷技术的发动机，如果高压泵故障，则会导致发动机高压油压过低，造成发动机混合气过稀。可以观察数据流，看高压油压是否与实际一致，若不一致则检查高压油压系统。

五、炭罐电磁阀故障

炭罐电磁阀故障一般指的是常通故障，正常的炭罐电磁阀是一个常闭型电磁阀，在需要工作的时候由发动机电脑控制其打开。常通会导致进气歧管的真空一直吸引油箱内的炭罐蒸气，于是在开始的时候混合气会偏浓，但是后期炭罐内的汽油蒸气没了，就会吸入新鲜的空气，则会导致发动机混合气过稀。

第十八章
点火系统基本工作原理

如图 18-1 所示，火花塞的作用是把点火线圈产生的高压电引入气缸，在气缸压缩冲程快终了的时候击穿火花塞点火间隙，使其放电产生电弧，电弧引燃气缸内的可燃混合气。

火花塞由前部的中心电极触点、安装在气缸盖上的螺纹、陶瓷绝缘体、绝缘体内部的电阻以及终端螺母构成。中心电极通过电阻与终端螺母连接，螺母连接高压点火线圈（高压点火线圈产生高压电由此引入气缸），在中心电极处于连接螺纹的负极之间有一个点火间隙，在这里高压电放电产生电弧。

火花塞工作环境恶劣，处于发动机燃烧室内部，温度和高压力高，如果火花塞在工作中不能及时散热，就会出现炽热点火（火花塞头部温度过高，在压缩冲程时直接引燃了混合气），即导致发动机爆震，加速无力。

还有一种情况是火花塞中心电极处与螺纹之间的气隙过小，那么火花塞工作的时候就会出现电极散热过快，电极处的温度较低，这样火花塞就会出现严重积炭。

因此根据中心电极处和螺纹之间的气隙大小来区分热型火花塞和冷型火花塞（图 18-2）。气隙大的中心电极温度高，为热型火花塞；气隙小的中心电极温度低，为冷型火花塞。

不同发动机根据其压缩比与工作温度不同，需要选择正确热值的火花塞，各大品牌火花塞官网都有对应的发动机型号所安装的火花塞型号对照表。另外需要注意的是火花塞的电阻，原车为带电阻的火花塞，如果选装了不带电阻的火花塞，则会出现点火系统干扰故障。

如果怀疑点火系统有干扰，可以使用如图 18-3 所示的方式，把万用表打到 20V 直流挡位，拔掉表笔，放在怀疑干扰的地方测试。需要测试怠速、急加速几个转速区域，正常的点火系统没有干扰的话，万用表是没有任何显示的，如图 18-3 所示的点火系统就有干扰。

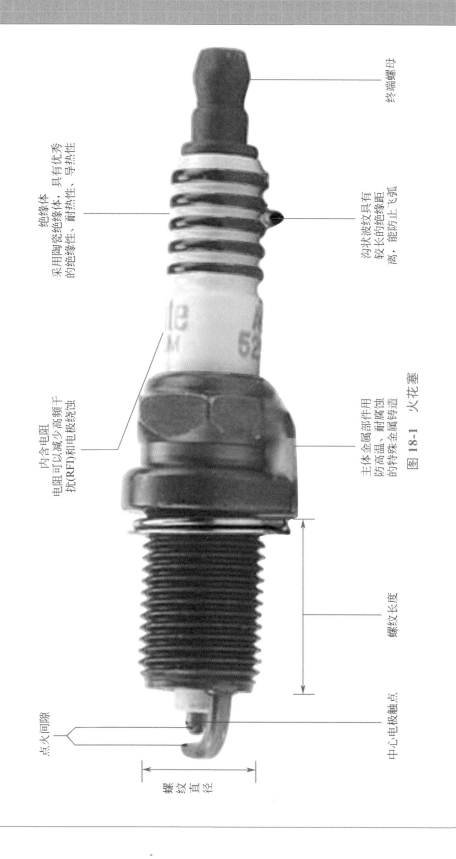

终端螺母

绝缘体
采用陶瓷绝缘体，具有优秀的绝缘性、耐热性、导热性

沟状波纹具有较长的绝缘距离，能防止飞弧

内含电阻
电阻可以减少高频干扰(RFI)和电极绕蚀

主体金属部件用防高温、耐腐蚀的特殊金属铸造

螺纹长度

点火间隙

中心电极触点

螺纹直径

图 18-1 火花塞

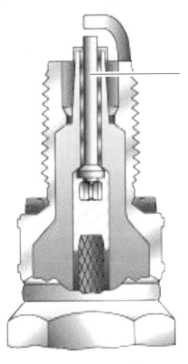
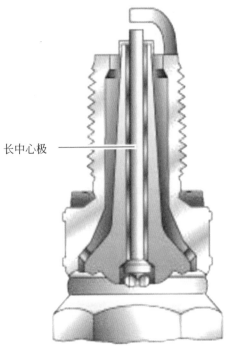

短中心极

长中心极

(a) 低热值(冷型火花塞)

(b) 高热值(热型火花塞)

图 18-2　冷型火花塞和热型火花塞

图 18-3　点火系统测试

第二节　点火线圈基本工作原理 ‹

　　汽车点火线圈是基于互感变压器的原理制作的，如图 18-4 所示是一个互感变压器的原理，它由初级线圈、铁芯、次级线圈构成。初级线圈为供电端，当给初级线圈一个脉动的直流电时，在初级线圈周围就会产生一个脉动的磁场去磁化铁芯。在铁芯的另外一端绕制着次级线圈，在铁芯磁场变化的时候就能感应出感应电动势。

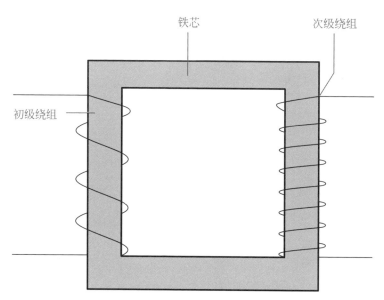

铁芯　　次级绕组

初级绕组

图 18-4　点火线圈的工作原理

　　一般将初级线圈的匝数比次级多的叫做减压变压器；如果初级线圈匝数比次级匝数少，基本都是升压变压器。汽车用的点火线圈就是一个升压变压器，把 12V 直流电升压为脉动高压直流电。

　　根据点火线圈电路结构不同，可分为双缸同时点火整体式点火线圈、双缸同时点火独立点火线圈、单缸独立点火线圈、单缸独立点火整体式点火线圈。

　　下面以双缸同时点火整体式点火线圈的线路结构与检测方法为例进行介绍。

如图 18-5 所示是双缸同时点火整体式点火线圈,多用于低端车型上。使用分缸线与火花塞连接,该点火线圈采用的是双缸同时点火。按照发动机做功顺序 1-3-4-2,则 1 缸做功的时候 4 缸必定排气;3 缸做功的时候 2 缸必定排气。因此该点火线圈在把 1-4 缸同时点火,这样一个缸是有效点火另一个缸则是无效点火;同理,2-3 缸也是同时点火。所以把这种点火线圈叫做双缸同时点火整体式点火线圈。

图 18-5 双缸同时点火整体式点火线圈

一、线路连接

这种点火线圈有三线与四线的,区别在于 12V 供电线路。如图 18-6 所示的上下两组点火线圈是公用正极的,只有三根线,如果上下两组点火线圈分开供电,则有四根线。

正极一般都来自发动机主继电器通过熔丝供电,控制线接入发动机电脑内部控制负极。

汽车电控发动机 构造·原理·分析·诊断·维修

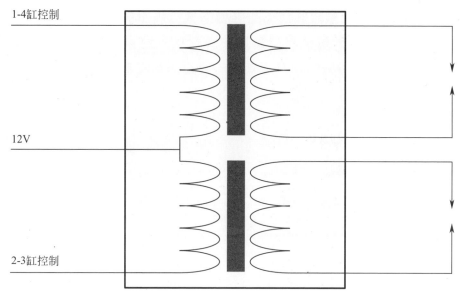

1-4缸控制

12V

2-3缸控制

图 18-6　三线点火线圈（上下两组点火线圈公用正极）

二、点火过程

　　假设 1-4 缸需要点火，首先点火线圈的供电 12V 是打开的并向点火开关一直供电的。现在 1-4 缸需要点火，电脑会控制 1-4 缸点火线圈控制线与负极导通，此时大电流流过点火线圈的初级线圈，铁芯的磁通力由无到有开始建立，这时候磁通力变化较慢，因此在次级线圈上无法感应出高压直流电。

　　当电脑监测到已经达到点火提前角的时候，会控制负极迅速断开。此时初级电流突然消失，因为磁通量快速变化，次级就会感应出一个很高的直流高压电。高压电被送至火花塞，由于电压持续升高直到击穿火花塞的间隙跳火，完成一次跳火工作。

第十九章
常见点火线圈电路结构

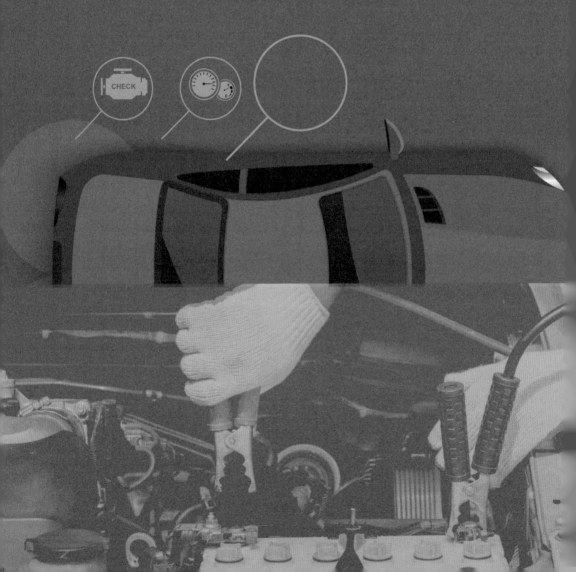

第一节　三线式独立点火线圈结构

如图 19-1 所示是一个三线式独立点火线圈外观，该点火线圈直接插在火花塞上面，无须分缸线。三线式独立点火线圈的特点是功率管在点火线圈内部，点火线圈有一组电源，发动机控制单元控制点火线圈内部的功率管。

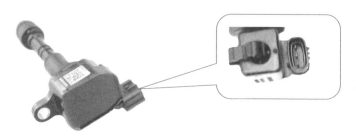

图 19-1　三线式独立点火线圈

如图 19-2 所示是东风日产的点火电路。

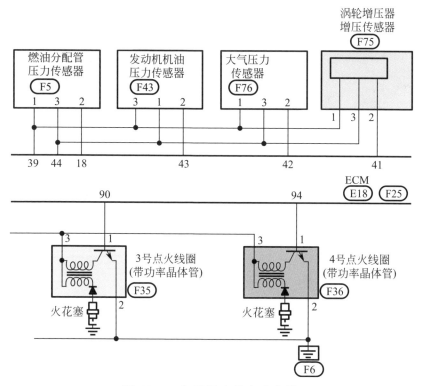

图 19-2　东风日产的点火电路

3 号脚：初级点火线圈正极，由发动机主继电器供电，打开点火开关一直有电。

2 号脚：初级点火线圈负极。

1 号脚：来自发动机控制单元的脉冲信号线。

注意

信号线只能用 LED 试灯或者示波器检查。

第二节　大众奥迪点火线圈电路结构

大众旗下所有车型的独立点火线圈几乎一样，都为四线式独立点火线圈。如图 19-3 和图 19-4 所示。

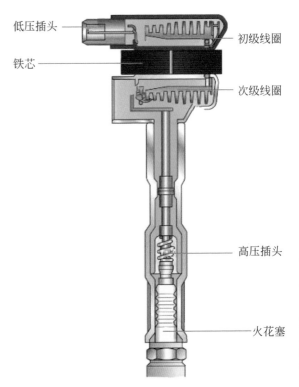

低压插头　　　　初级线圈

铁芯　　　　次级线圈

高压插头

火花塞

汽车电控发动机　构造·原理·分析·诊断·维修

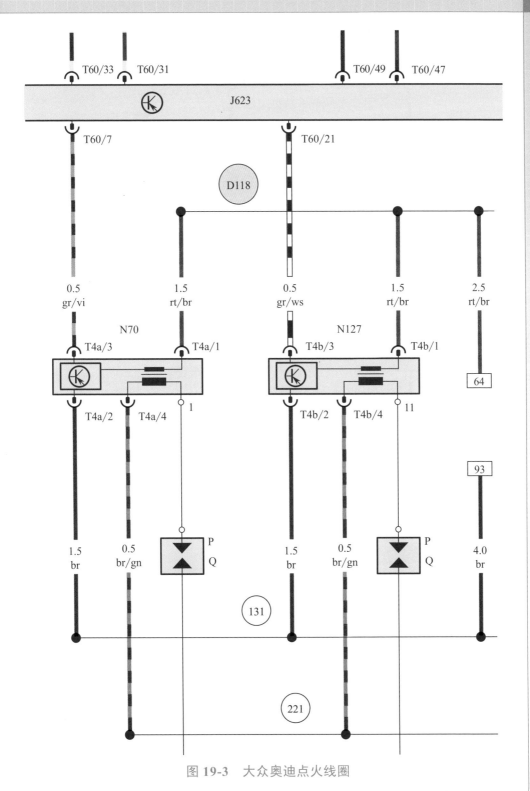

图 19-3　大众奥迪点火线圈

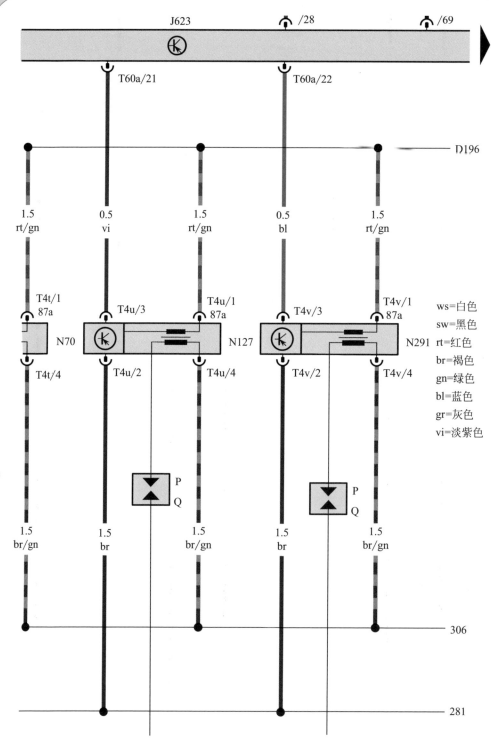

ws=白色
sw=黑色
rt=红色
br=褐色
gn=绿色
bl=蓝色
gr=灰色
vi=淡紫色

图 19-4 大众奥迪点火电路

大众的四线式独立点火线圈由一组初级线圈供电线、一个初级线圈控制线、一个次级线圈的搭铁线组成。在电路中各个脚的作用分别如下。

1 号脚：点火线圈供电正极，发动机供电主继电器闭合就有电。

2 号脚：初级点火线圈负极。

3 号脚：点火线圈控制，由发动机电脑通过脉冲信号控制点火线圈工作。

4 号脚：次级点火线圈负极。

注意

信号线只能用 LED 试灯或者示波器检查。

第三节　整体式点火线圈电路结构

整体式点火线圈在很多车型上都有使用，例如通用车型的科鲁兹、别克英朗，以及标致雪铁龙等车型都有应用。如图 19-5 所示。

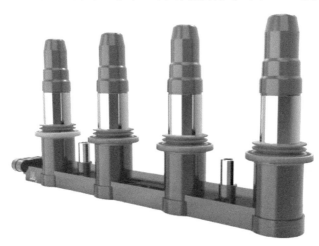

图 19-5　整体式点火线圈

整体式点火线圈是把四个气缸的点火线圈合并成一个，合并后四个气缸共用一组电源线，各信号线独立。

如图 19-6 所示是 2014 年产通用雪佛兰科鲁兹的点火电路，根据电路图显示以及前面的描述可以得知点火线圈每根线的作用如下。

汽车电控发动机

构造·原理·分析·诊断·维修

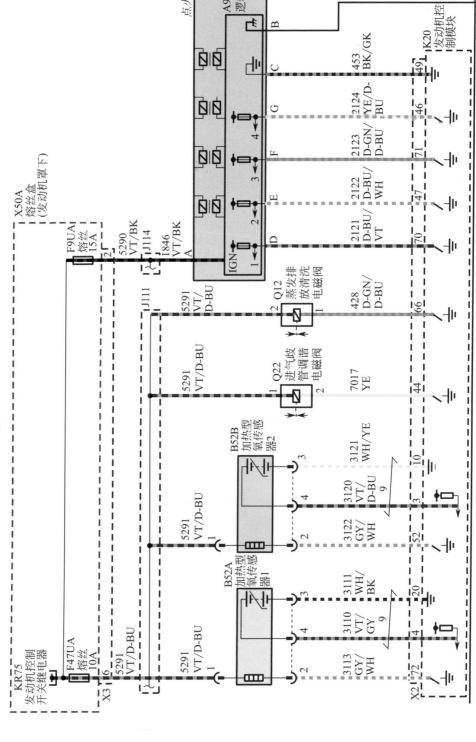

图 19-6　2014 年产通用雪佛兰科鲁兹点火电路

A 号脚：初级线圈正极，由前机舱熔丝盒的 F9 保险供电。

B 号脚：初级线圈负极

C 号脚：信号负极（有车型没有信号负极，与初级负极共用）。

D 号脚：1 号气缸点火信号线。

E 号脚：2 号气缸点火信号线。

F 号脚：3 号气缸点火信号线。

G 号脚：4 号气缸点火信号线。

第二十章
点火反馈系统

第一节　丰田带反馈点火线圈

　　丰田的独立点火线圈在外观上与普通的点火线圈没有太大的差异，每个气缸一个点火线圈，每个点火线圈都是 4 根线。不同的是丰田的点火线圈点火是否成功会有反馈信号反馈给发动机控制单元，如果检测到点火失败会储存相应的故障码。

　　如图 20-1 所示是丰田凯美瑞的点火电路，从图中可以看出 1 号、3 号、4 号三个脚的作用如下。

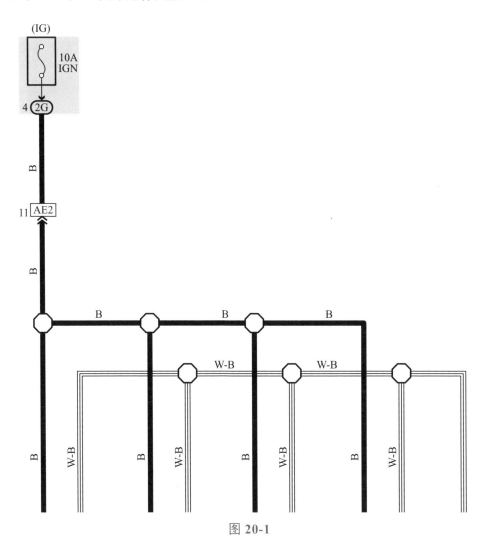

图 20-1

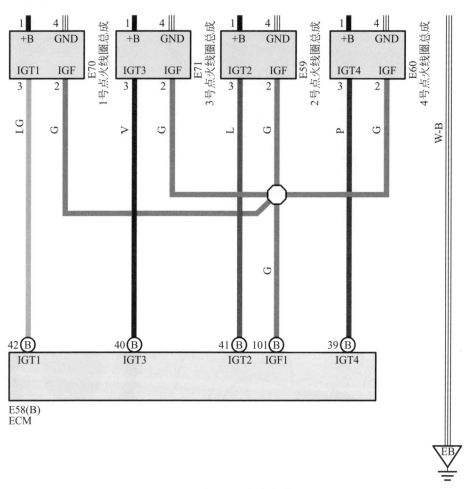

图 20-1　丰田凯美瑞点火电路

1号脚：初级点火线圈供电正极，由 IGN 保险供电。

3号脚：发动机电脑给的点火控制信号。

4号脚：初级点火线圈供电负极。

还有一个 2 号脚是点火线圈的反馈线，从图 20-1 中可以看出 4 个反馈线全部并联在一起，最后连接至发动机电脑。发动机电脑给这个线持续输出一个 5V 基准电压，每当发动机控制单元控制某一个点火线圈工作的时候，该点火线圈就会把反馈信号拉低至 0V 电压，接着电脑监测到信号电压被拉低至 0V，就认为该点火线圈点火成功；反之电脑认为点火失败。

第二节　爆震传感器与点火提前角

　　大部分人都认为发动机在压缩冲程终了时，活塞达到上止点，这时点火系统点燃气缸内的空燃混合气。其实这样点火是不行的，如果按照这样点火，发动机根本无法工作。因为火焰燃烧还需要一定的时间，从初级点火线圈断电到火花塞跳火，再到气缸内混合气燃烧是需要一定时间的。因此为了让活塞转过上止点之后气缸压力达到最大，必须提前点火。这个提前的量用曲轴转角表达，即点火提前角。

　　发动机点火提前角到底提前多少？在发动机工作的时候，根据发动机转、速负荷等不同而不同，因此点火提前角不是固定的。

　　发动机在火花塞点火之前点火会造成其不正常的燃烧，称为爆震。导致爆震的原因有很多，主要有以下几点。

　　1.燃油品质差

　　燃油品质差要从两方面去讨论：一是燃油中含有的杂质较多，在压缩过程中容易自燃；二是汽油的辛烷值不够，汽油的辛烷值越高代表汽油的抗爆震能力越强，压缩比越高的发动机使用汽油的辛烷值越高，即汽油标号越高（我们常说的 $92^{\#}$ 汽油和 $95^{\#}$ 汽油指的就是汽油的辛烷值多少的区别）.

　　2.发动机温度过高

　　发动机温度过高会导致混合气提前爆燃，即产生爆震。

　　3.空燃比不正确

　　较稀的空燃比会导致燃烧温度过高，过高的发动机温度容易产生爆震。

　　4.燃烧室积炭过多

　　发动机内部积炭过多会导致气缸内的压缩比变大，较大的压缩比容易产生爆震。

　　这里列举的都是故障导致的爆震现象，如果火花塞点火过早也会出现爆震的现象。

以上讨论的是点火提前角与爆震，现在我们介绍爆震与点火提前角之间的关系，如图20-2所示。理论上点火提前角最佳的位置就在于爆震产生的那一刻再推迟一点，即如果再提前发动机点火就会提前太多活塞还没有越过上止点气缸内的压力就已经最大了，如果延迟一点则恰到好处，活塞刚好越过上止点就是气缸内压力最大的时候。

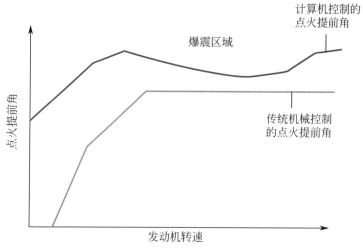

图 20-2　爆震与点火提前角的关系

因此得出在爆震即将产生的时候，是最佳点火提前角。点火提前角与发动机转速及发动机负荷的关系如图20-3所示。

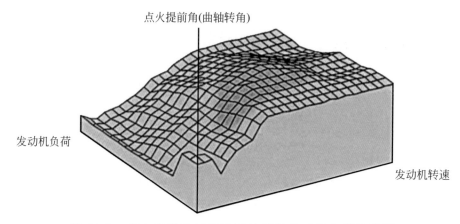

图 20-3　点火提前角与发动机转速及发动机负荷的关系

在发动机缸体上都安装一个或者多个爆震传感器来监测发动机是否产生爆震，如图 20-4 和图 20-5 所示。如果产生爆震，发动机控制单元就会将点火提前角调小（不管什么原因导致的，电脑都认为是点火提前角太大），这样就完成了点火提前角的闭环控制。

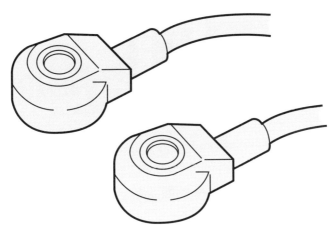

图 20-4　爆震传感器

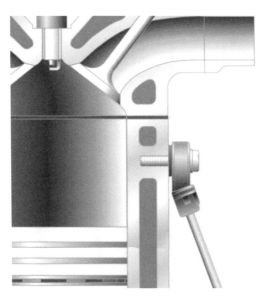

图 20-5　爆震传感器的安装位置

爆震传感器使用的是压电晶体在产生形变的时候会发电的原理来制作的，即气缸内产生爆震时缸体会震动，缸体震动，爆震传感器就会震动，因此爆震传感器就会发电，而发电电压的高低就代表了爆震传感器震动力度的大小。如图 20-6 所示。

图 20-6　压电晶体发电原理

如图 20-7 所示是爆震传感器与电脑之间的导线连接示意，爆震传感器是一个无源传感器，因此电脑会对爆震传感器的两根线都给一个基准电压，使得爆震传感器信号不被干扰，如图 20-8 所示。

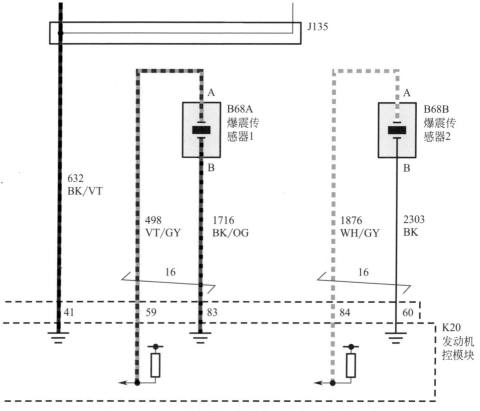

图 20-7　爆震传感器与电脑之间的导线连接示意

图 20-8　爆震传感器线路测试

第二十一章
磁电式与霍尔式曲轴信号

在电控发动机中，曲轴位置传感器作为一个重要的传感器安装在发动机曲轴附近，用来检测发动机曲轴的转速与位置并传给发动机电脑，作为发动机电脑确定点火时刻和喷油时刻的基本信号。

曲轴位置传感器根据其工作原理不同，分为磁电式曲轴位置传感器与霍尔式曲轴位置传感器。

第一节　磁电式曲轴信号

磁电式曲轴位置传感器的结构原理如图 21-1 所示。传感器的软磁铁芯被线圈包围，与安装在曲轴上的脉冲齿圈正对安装，两者间有一个狭小空气间隙。软磁铁芯与一个永磁铁相连，磁场延伸至铁磁性的脉冲齿圈，并受其影响。

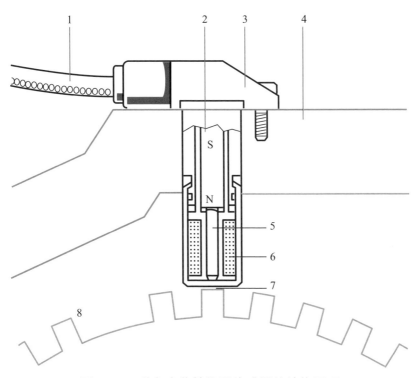

图 21-1　磁电式曲轴位置传感器的结构原理

1—屏蔽电缆；2—永磁铁；3—传感器外壳；4—安装支架；5—软磁铁芯；

6—线圈；7—空气间隙；8—信号盘

随着曲轴带动齿圈转动，齿圈的齿尖可能与传感器正对或偏离，引起磁路的变化，从而在线圈中感生交流电压，其频率取决于转速，而电压幅值则与转速和空气间隙大小有关。

在齿圈上加工出一个大"齿间距"，于是不仅可以测量转速，也可获取曲轴的位置信息。

如图 21-2 所示是用示波器捕捉的磁电式曲轴位置传感器的波形，可以看到传感器的波形是一个标准的正弦波，每一个齿深与齿尖通过传感器的顶部的时候传感器就会输出一个周期的交流电信号。曲轴旋转一圈正好是 60 个周期的正弦波交流电，所以电脑可以根据交流电的频率来判断发动机的转速。当缺齿部分通过传感器的时候，传感器输出的波形就如图 21-2 中所示的空缺部分，这样电脑就可以通过空缺部分来定位旋转的位置。

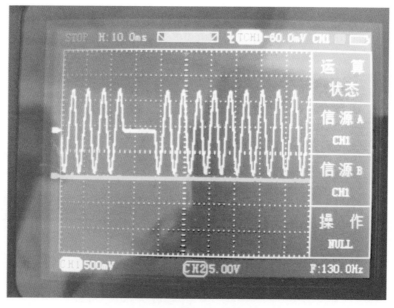

图 21-2　磁电式曲轴位置传感器的波形

如果使用示波器来判断曲轴位置传感器的好坏，把示波器接好后，启动发动机，应该可以看到图 21-2 中标准的波形。信号的周期应该可以与信号盘的齿数完全对上，且每一个周期都是标准的正弦波，不允许任何一个周期缺失或者电压幅值过低和过高，否则应检查传感器与信号盘。

如图 21-3 所示是一款大众汽车的曲轴位置传感器的电路，可以看到传感器共三根线通过 T3w 插接件与发动机电脑相连接。通过电路图可以分析出三根线的作用如下。

T3W/1 号端子：曲轴位置传感器信号线。

T3W/2 号端子：曲轴位置传感器信号线。

T3W/3 号端子：信号屏蔽线（防止信号干扰）。

传感器的检测方法如下。

1.电阻检测

拔掉传感器的插接件，使用万用表的欧姆挡检查传感器的 1 号与 2 号端子之间的阻值，理论上电阻应该在 400 ~ 1000Ω 之间，即判定传感器的线圈没有故障。如果线圈阻值过低，即代表传感器线圈匝间短路；如果线圈的电阻过高或者无穷大，即代表传感器线路开路。

2.传感器信号快速检测

拔掉传感器的插接件，使用万用表的交流电压挡测量传感器的 1 号与 2 号脚之间的电压（发动机运转时）。根据发动机转速的不同，一般根据经验应该可以测量到 0.5 ~ 1V 的交流电压，如果可以测量到传感器的交流电压，基本上可以说明传感器信号是没有问题的。但是如果依旧有传感器的故障码，可以使用示波器观察波形。

3.传感器到电脑导线检测

拔掉传感器的插接件，使用万用表的直流电压挡对蓄电池负极去测量电脑端插头的 1 号和 2 号端子。正常情况下会有 2V 左右的电压，两根线都有电压而且一样。这个电压是发动机电脑提供的一个基准电压。提供基准电压的目的是使传感器在发动机低速旋转时信号电压较低，这样传感器的信号就不容易被干扰。如果测量到这个基准电压，则代表导线到电脑没有出现断路现象。

当然也有的车型是没有这个基准电压的，则需要使用万用表的欧姆挡测量导线的电阻。良好导线的电阻应该在 0.3Ω 以内。如果过大即说明导线连接不可靠。

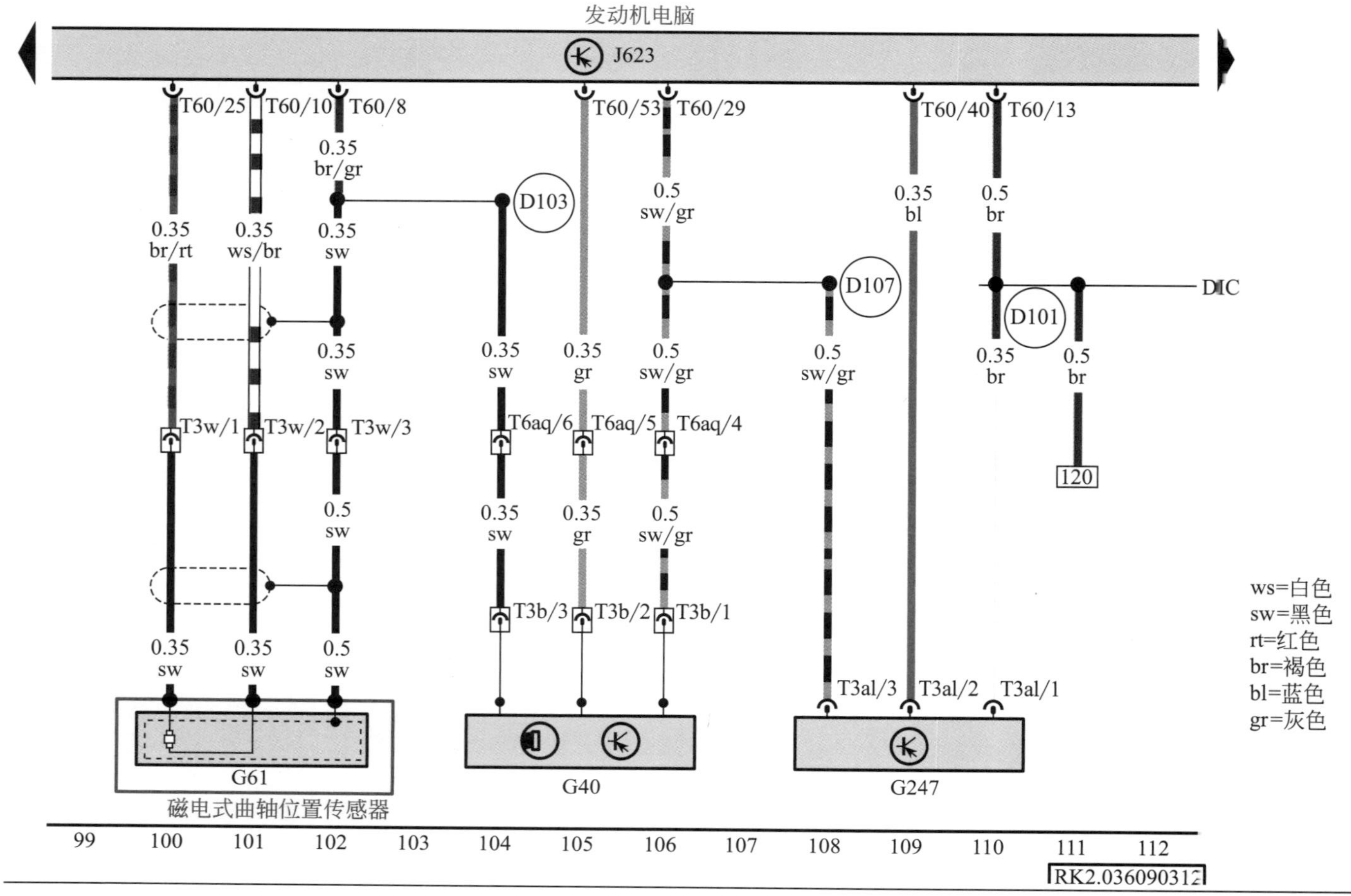

汽车电控发动机 构造·原理·分析·诊断·维修

发动机电脑 J623

ws=白色
sw=黑色
rt=红色
br=褐色
bl=蓝色
gr=灰色

RK2.036090312

T60/13

T60/40 T60/13
0.5 br

DIC

D101
0.35 br

0.5 br

120

T60/29
0.35 bl

T3al/2 T3al/1

T3al/3

G247

110 111 112

D107
0.5 sw/gr

109 108

T60/53 T60/29
0.5 sw/gr

T6aq/5 T6aq/4
0.5 sw/gr

T3b/2 T3b/1

107 106

0.35 gr

T6aq/6 T6aq/5
0.35 gr

T3b/3

G40

105

D103
0.35 sw

T6aq/6
0.35 sw

T3b/3

104

T60/8
0.35 br/gr

0.35 sw

0.35 sw

T3w/3
0.5 sw

0.5 sw

103 102

T60/10 T60/8

T60/25
0.35 ws/br

0.35 sw

T3w/2 T3w/3
0.35 sw

0.35 sw

101

0.35 br/rt

T3w/1
0.35 sw

0.35 sw

磁电式曲轴位置传感器 G61

100 99

图 21-3 大众汽车曲轴位置传感器电路

注意

虽然磁电式曲轴位置传感器输出的是交流电，但两根信号线还是不能接反。这是因为如果传感器的信号线接反了，那么传感器输出的波形相位就会刚好错 180°，这样发动机电脑就不能准确地判断出发动机的转速与转角。

一般情况下，导线都不会接反。但是不排除传感器的绕组绕反，这样就会出现传感器的相位是反的，导致发动机不能着车故障。若测量都没有问题，发动机电脑可能会报发动机转速传感器 A 电路故障。

第二节　霍尔式曲轴信号

一、霍尔效应

霍尔效应是电磁效应的一种，这一现象是美国物理学家霍尔（E.H.Hall，1855—1938）于 1879 年在研究金属的导电机制时发现的。

当电流垂直于外磁场通过半导体时，载流子发生偏转，垂直于电流和磁场的方向会产生一个附加电场，从而在半导体的两端产生电势差，这一现象就是霍尔效应，这个电势差也被称为霍尔电势差。霍尔效应使用左手定则判断。

如图 21-4 所示，当电流 I_s 流过处于强度为 B 的磁场中的半导体薄片时，在垂直于电流与磁场的方向上会产生电压 U_H（霍尔电压），当磁场消失时电压立即消失，且 U_H 与 B 和 I_s 的大小成正比，这种现象称为霍尔效应。

如图 21-5 所示是一个霍尔传感器内部结构，传感器位置是一个霍尔基片。在霍尔基片位置右边有一个磁性元件，左边安放一个信号盘，在信号盘旋转的时候右边磁性元件的磁通量就会发生变化，也就是穿透或者不穿透霍尔基片。那么霍尔基片左右两边的霍尔电压就会时有时无（与信号盘成一定比例关系）。霍尔电压 U_H 会被送到电压比较器的同相端与反向端，电压比较器的输出端就会不断输出高电平与低电平，这个变化的高低电平与三极管的基极连接。三极管的集电极接的是霍尔传感器的信号线，电脑板内部通过上拉电阻接到高电位。三极管的发射极接负极。

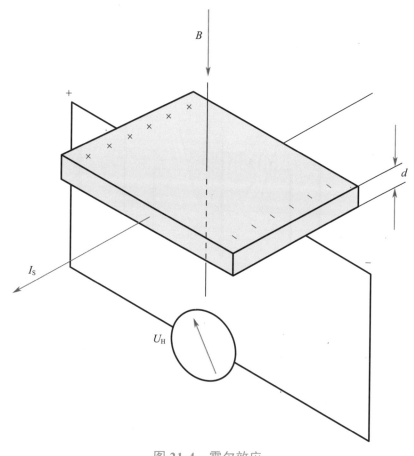

图 21-4　霍尔效应

这时，因为电压比较器持续输出高低电平，那么三极管就会出现不断的截止和导通，即信号线的电压会被不断地拉低至低电平或者不拉低至低电平。

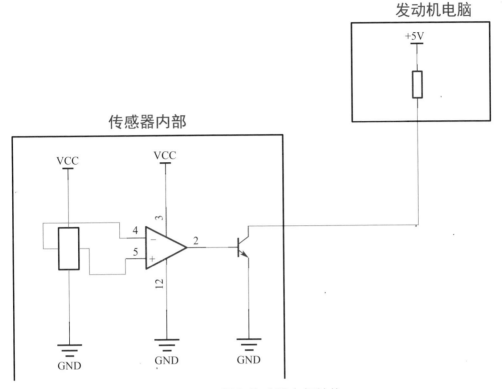

图 21-5 霍尔传感器内部结构

二、霍尔传感器电路

如图 21-6 所示是上汽荣威 350 的电路，图 21-6 中相位传感器就是一个霍尔效应凸轮轴位置传感器。传感器的 1 ～ 3 号端子分别与发动机电脑的 32 号、79 号、35 号端子连接。

其中传感器的各个引脚为：

❶ 1 号端子为传感器的供电；

❷ 2 号端子为传感器的信号；

❸ 3 号端子为传感器的负极。

传感器的供电根据车型不同会有不同的供电电压，一般由发动机电脑供给的是 5V 供电；由主继电器供电的是 12V 电压。传感器的信号线一般也有两种高电平，一种是高电平为 5V，另一种是高电平为 10V。

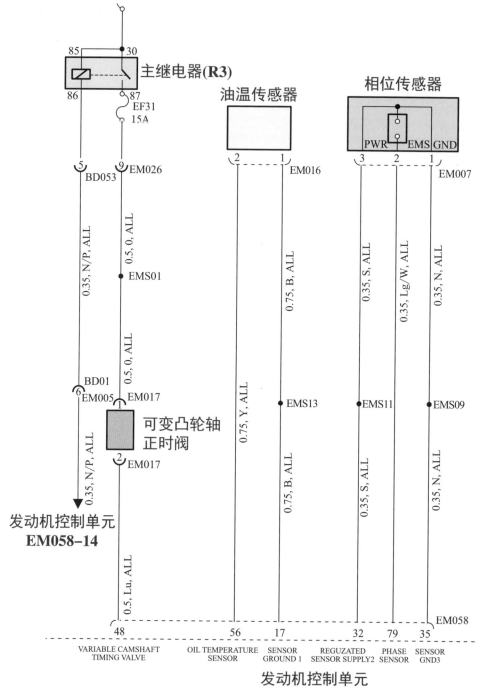

主继电器(R3)

油温传感器

相位传感器

PWR EMS GND

85 30

86 87
EF31
15A

5 9 EM026
BD053

EMS01

BD01
6 EM005 EM017

可变凸轮轴
正时阀

2 EM017

发动机控制单元
EM058-14

2 1 EM016

3 2 1 EM007

0.35, N/P, ALL

0.5, 0, ALL

0.5, 0, ALL

0.35, N/P, ALL

0.5, Lu, ALL

0.75, Y, ALL

0.75, B, ALL

EMS13

0.75, B, ALL

0.35, S, ALL

EMS11

0.35, S, ALL

0.35, Lg/W, ALL

0.35, N, ALL

EMS09

0.35, N, ALL

EM058

48	56	17	32	79	35
VARIABLE CAMSHAFT TIMING VALVE	OIL TEMPERATURE SENSOR	SENSOR GROUND 1	REGUZATED SENSOR SUPPLY2	PHASE SENSOR	SENSOR GND3

发动机控制单元

FGUI ATED

THROTTLE POS SENSOR2

INTAKE All TEMP SENS

图 21-6 上汽荣威 350 电路

三、霍尔传感器的检测

如图 21-7 所示是霍尔传感器示意。如果要检测传感器的好坏可以使用以下方法。

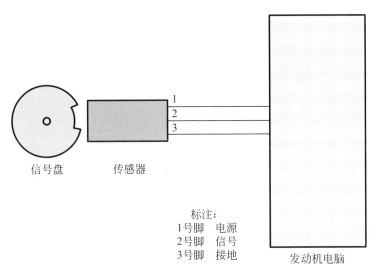

标注：
1号脚　电源
2号脚　信号
3号脚　接地

发动机电脑

图 21-7　霍尔传感器示意

在检测前，要保证点火开关打开。首先使用万用表检测传感器 1 号脚和 3 号脚之间的电压是否符合规定值。接着使用万用表检测 2 号脚与 3 号脚之间的电压，再使用扳手慢速旋转曲轴。这时候万用表应该是高低电平变化，且高低电平应该是高电平等于信号电压，低电平等于 0V，否则更换传感器。

四、传感器波形

如图 21-8 所示是霍尔传感器的曲轴与凸轮轴位置传感器的波形，因版本问题红色曲轴位置传感器看得不是很清，所以以下面蓝色凸轮轴位置传感器为例讲解该波形的一些要点。霍尔传感器的波形是由高低电平构成的，高低电平的过渡（上升沿／下降沿）必须是垂直的。高低电平的变化完全与信号盘的形状一致（一般齿尖接近传感器时是低电平）。信号波形的高电平必须达到规定值（5V 或者 10V），低电平必须是 0V，否则表明传感器或者线路有故障。

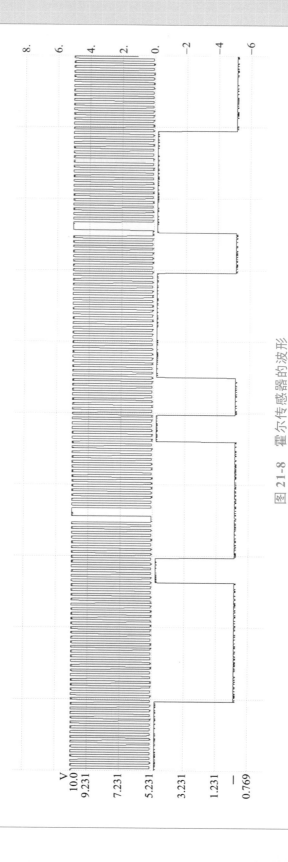

图 21-8 霍尔传感器的波形

五、带启停的霍尔曲轴位置传感器

在装备启停系统的车辆中，当发动机自动停机后为了迅速再次启动，发动机控制单元必须精确识别曲轴的位置。发动机进入停机工况后会因为惯性再转几圈才会完全停止，如果某缸活塞处于压缩上止点前，那么活塞压缩压力向回推导致发动机反转。这种发动机必须具备可以识别顺转还是反转的曲轴位置传感器，并将信号传输给发动机控制单元。

如图 21-9 所示为带启停的霍尔曲轴位置传感器波形。发动机正转时，识别到的曲轴位置信号的低电位时间比较短，一般为 0.04ms。如果发动机反转，则曲轴信号的低电位时间约为 0.2ms，即反转时低电位时间比正转时低电位长。

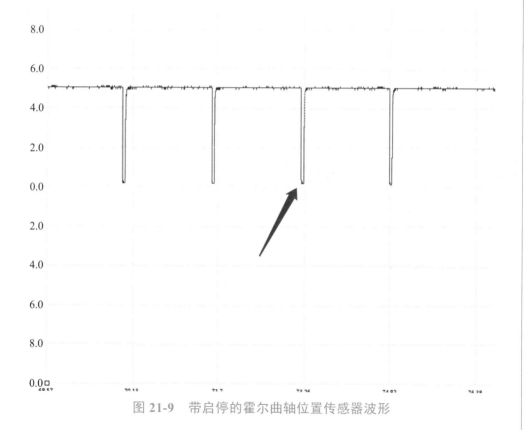

图 21-9　带启停的霍尔曲轴位置传感器波形

对于这种传感器，不能使用前面谈到的检测方法，只能通过示波器分析波形来确定传感器信号是否正常。

第二十二章
VVT 系统与配气相位

第一节　配气相位

所谓四冲程发动机是指发动机一个工作循环活塞要上下运行四次，分别为下行进气、上行压缩、下行做功、上行排气。其中进气冲程中进气门要打开，排气冲程中排气要打开，只有这样才能保证发动的正常工作。

但是实际发动机的工作中，为使进气充分、排气干净，进气门和排气门均存在早开晚关的情况，进气门和排气门的开启持续时间也大于 180° 曲轴转角。发动机进气门、排气门实际开启或关闭的时刻和开启持续时间称为配气相位，通常用曲轴转角来表示。配气相位对发动机性能有很大影响，即使同一台发动机，随转速的不同，对配气相位的要求也不同。转速提高时，要求气门提前开启角和迟后关闭角增大；反之则要求减小。

常用图 22-1 来表达一台发动机的配气相位。从内圈开始看这个图，在淡蓝色和淡黄色的进气冲程中可以看到进气门在活塞上止点前就已经打开了，这称为进气门提前打开，当活塞扫过下止点时进气门依旧是开启的，这被称为进气门延迟关闭。接着是墨绿色和红色段，这是压缩冲程和做功冲程。在做功冲程快结束的时候排气门就已经提前打开，直到进气冲程前一段时间依旧开启的，所以排气门也有提前打开和延迟关闭，且有一段时间进气门都是打开的，这称为气门重叠角。

那么气门到底提前多少打开、延迟多少关闭呢？这与发动机的转速有一定的关系。转速低的时候，发动机一个行程有足够长的时间进气或者排气，则不需要提前很多和延迟很多。如果低速提前过多和延迟太多，则会有过多的废气回流到进气管，这时就需要较浓的混合气来弥补废气回流造成的混合气稀的问题。而发动机转速较高的时候，发动机每一个冲程所用的时间非常短，这时发动机的每一个冲程都非常短，就会出现进气不充分、排气不彻底，所以需要较大的提前角和延迟角。

那么问题出现了，发动机的气门提前角在低速和高速时是不一样的，所以厂家在设计气门提前角的时候会兼顾高低速，但无论怎么兼顾都不可能使发动机高低速都得到最合适的气门提前角。

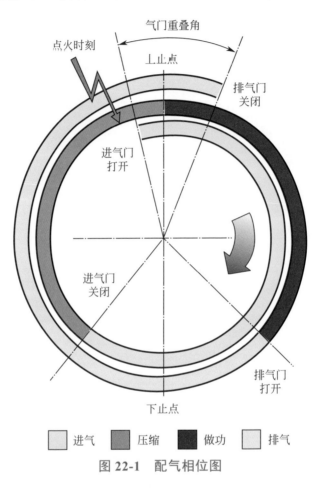

图 22-1　配气相位图

　　可变气门正时系统（VVT），是为了解决传统配气相位所带来的弊端。如图 22-2 所示，VVT 系统由发动机控制单元 ECM、可变正时链轮、VVT 电磁阀、发动机转速传感器、凸轮轴位置传感器构成，发动机控制单元根据发动机的转速与负荷量计算出当前最佳的气门提前角，再去控制 VVT 电磁阀。VVT 电磁阀安装在缸盖上，控制着流入可变正时链轮的机油量与压力。发动机控制单元控制着 VVT 电磁阀的电流变化从而改变流入可变正时链轮的机油流向与流量。机油在这里充当着液压油的角色去推动链轮偏转，最终改变气门提前角。

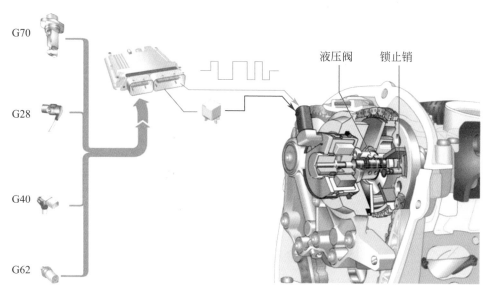

图 22-2　可变气门正时系统（VVT）

一、可变正时链轮结构

可变正时链轮结构如图 22-3 所示。

可变正时链轮不同于传统的凸轮轴链轮，传统的凸轮轴链轮是一个普通的时规链轮，它与凸轮轴之间的相对位置关系是不可变的。而可变正时链轮的结构是凸轮轴与链轮之间的相对位置关系是可变的，通过图 22-3 可以看出，淡蓝色的中间部分与凸轮轴之间的关系是直接连接，相对位置不可变。在外圈还有一个绿色的外壳体与内圈套在一起，两个轮之间留有一定的空间，分别 A 腔与 B 腔。如果在 A 腔充满机油，那么 B 腔就会因为压力差而变得极小，这时外圈就会顺时针旋转；如果 B 腔充满机油，那么 A 腔的空间就会变得极小，那么外圈就会逆时针旋转。

通过这个结构，只要改变 A 腔与 B 腔之间的机油压力差就可以改变 A 腔与 B 腔的空间，即改变凸轮轴与链轮之间的相对位置关系。

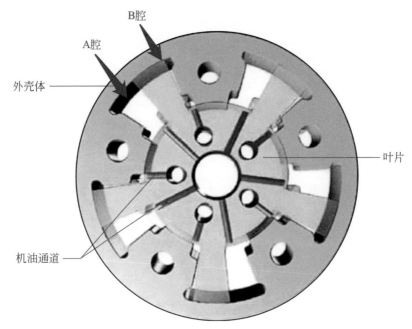

图 22-3 可变正时链轮结构

二、VVT 电磁阀

    VVT 电磁阀由图 22-4 中红色部分的阀芯与后面的电磁线圈构成，机油由机油滤清器上来，经过阀芯后从阀芯的通道 1 出来，进入 VVT 链轮室 1，再到 VVT 链轮的室 2，回到 VVT 电磁阀，最后流入油底壳。改变电磁线圈的电流就可以改变线圈的磁场强度，从而使阀芯停留在阀体中的任意位置，这样就可以改变机油的流向。

三、VVT 控制流程

    如图 22-5 所示，发动机刚启动的一瞬间，机油压力建立。机油通过 VVT 电磁阀进入 VVT 链轮，机油压力首先推动图 22-5 中 2 位置的锁止销，使 VVT 链轮可以自由转动，这个锁止销是每一个 VVT 链轮都必备的部件。在 VVT 链轮拆下来的时候，因为锁止销是锁止状态，所以内圈和外圈是不能转动的，但是有一定的旷量，这是正常现象。

汽车电控发动机 构造·原理·分析·诊断·维修

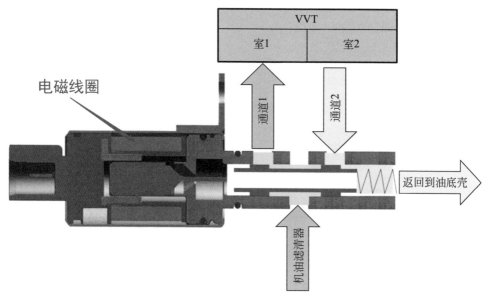

图 22-4　VVT 电磁阀结构原理

1.初始位置（有机油压力）

如图 22-6 所示，当机油压力建立后，机油压力通过 VVT 电磁阀，经过机油油道进入 VVT 链轮的室 1。当室 1 有机油压力后，外圈就会向左偏移到最大位置，这时也是气门提前角最小的时候。

2.最大偏置位置

如图 22-7 所示。如果发动机高速运转，对于配气相位来说就需要最大的气门提前角。这时 VVT 电磁阀通过最大电流，阀芯偏移位置最大，即改变了机油的流向。机油流向 VVT 链轮的室 2，这时外圈就向右偏移至最大行程位置，这时也是气门重叠角最大的时候。

3.0 ~ 20 之间的位置

如图 22-8 所示，发动机除了有最高速运转和怠速运转，还有中负荷。在发动机中负荷时，气门的提前角也需要比怠速的时候大，那么 VVT 链轮就需要调整到中间位置。在这个工况下，发动机电脑通过占空比调节来控制 VVT 电磁阀的电流，使阀芯停在阀体的中间任意位置，这时就可以改变室 1 与室 2 之间的机油压力差，从而使 VVT 链轮的内圈与外圈实现无级调节，即改变了气门的提前角。

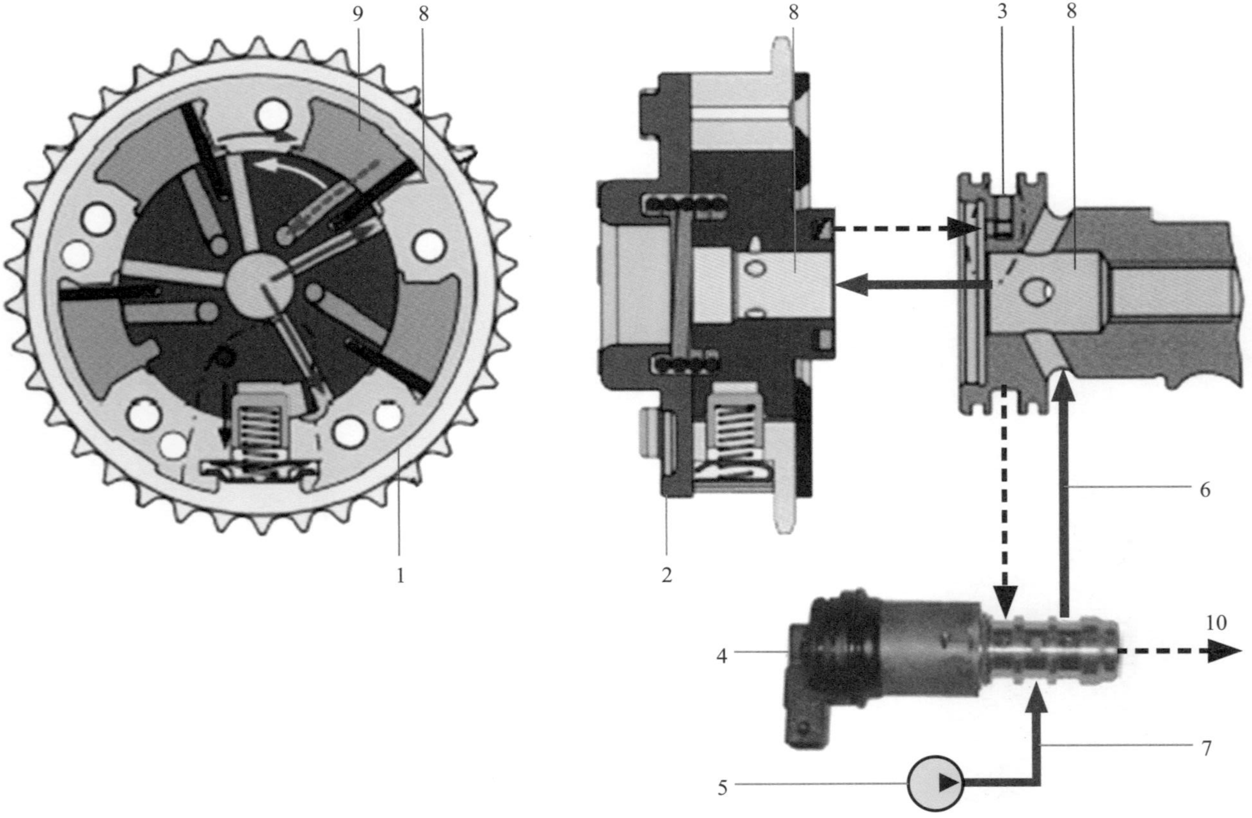

图 22-5 VVT 控制流程

1—VVT 链轮；2—VVT 链轮罩板；3—提前油压通道；4—VVT 电磁阀；5—油压供给通道；6—延迟油压通道；
7—供油通道；8—延迟油压腔室；9—提前油压腔室；10—回油

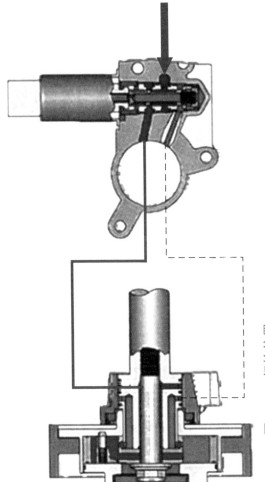

图 22-6 初始位置

室1

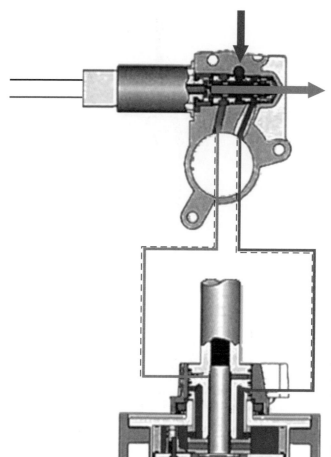

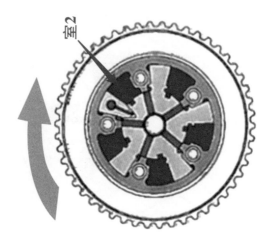

室2

图 22-7　最大偏置位置

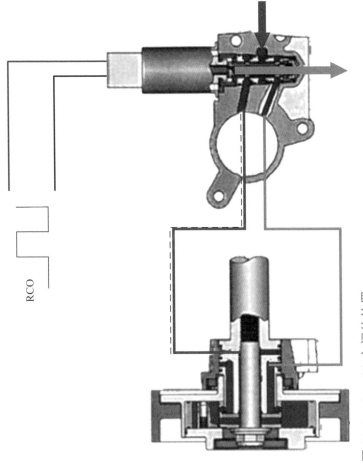

RCO

图 22-8 0 ~ 20 之间的位置

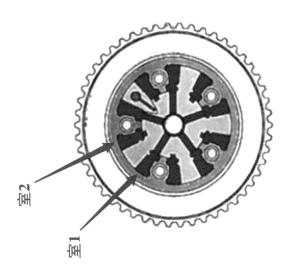

室2

室1

第三节 系统电路图

如图 22-9 所示是上海通用生产的科鲁兹轿车的发动机控制电路图的一部分。图 22-9 中红色框内是 VVT

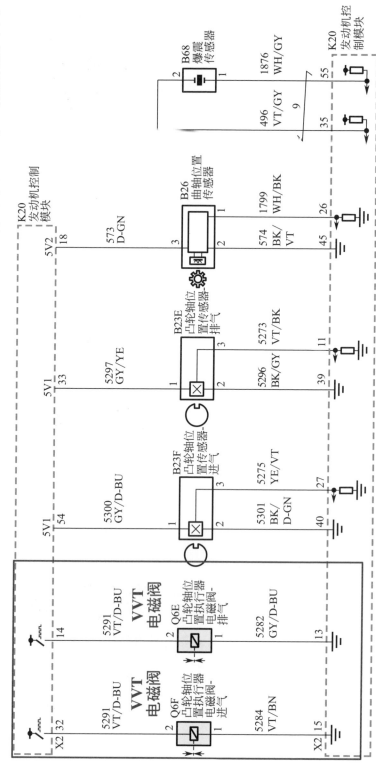

图 22-9 上海通用生产的科鲁兹轿车发动机控制电路图（部分）

电磁阀的控制逻辑，可以看出电磁阀的插头有两根线，都连接到发动机电脑板内部。其中1号端子在发动机电脑板内部常搭铁，另外一端（2号端子）由发动机电脑板通过 PWM 信号控制电磁阀的电流，从而让阀芯停止在阀体中的任意一个位置。

当然除了这种电路结构外，还有一种电路结构是电磁阀的一端是常正极（来自主继电器），另一端由发动机电脑通过 PWM 信号控制着电磁阀的电流。

第二十三章
常见车型 VVT 控制部件

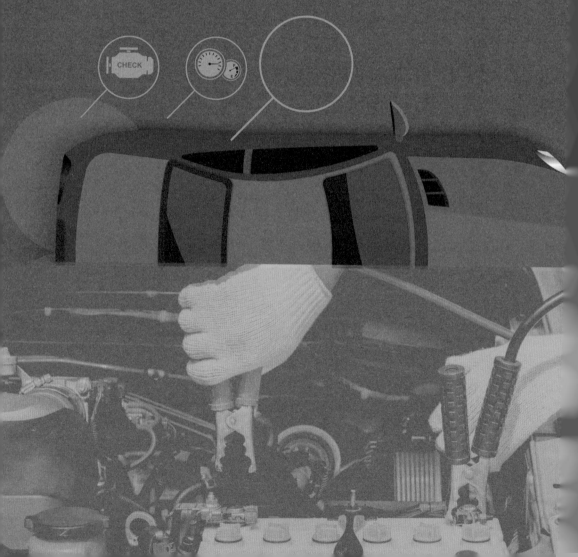

第一节 科鲁兹 LDE 发动机 VVT 机构

通用车型 LDE 发动机使用的是皮带传动式的正时系统，进排气都装有 VVT 可变正时系统。VVT 电磁阀通过切换机油流向来改变进入 VVT 链轮内部的机油压力，从而控制配气相位提前或者延迟。如图 23-1 所示。

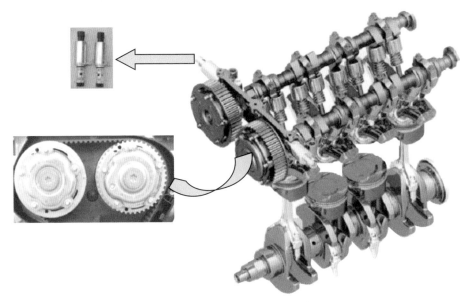

图 23-1　DCVCP 双可变正时机构

如图 23-2 所示是发动机 VVT 链轮拆开的样子，该 VVT 链轮实际上是密封不可拆卸的，为表达清楚，图中是使用切割机切开的。切开后可以看到内部由内圈上面安装的叶片把外圈的腔室一分为二。其中一个为提前腔，可以提前 60°；另一个为延迟腔，可以延迟 44°。

如图 23-3 所示，当发动机启动时，机油从 VVT 电磁阀的 C 端流入，经过 A 端流出，通过缸盖上面的油道进入瓦盖的 A 孔进入 VVT 链轮。在 VVT 链轮内部先推开锁止销后通过叶片的缝隙回油。回油通过瓦盖的 B 油孔进入 VVT 电磁阀的 B 油孔。因为凸轮轴是顺时针旋转的，此时叶片提前腔内充满机油（机油不可压缩），链轮与凸轮轴顺时针旋转且相对位置不动，此时凸轮轴保持原始位置。

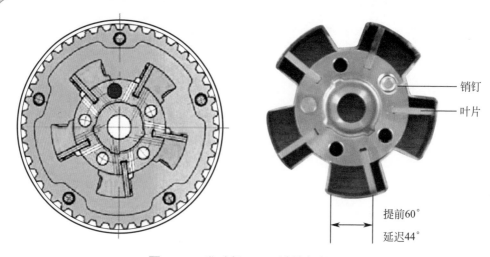

图 23-2　发动机 VVT 链轮拆解后

销钉

叶片

提前60°

延迟44°

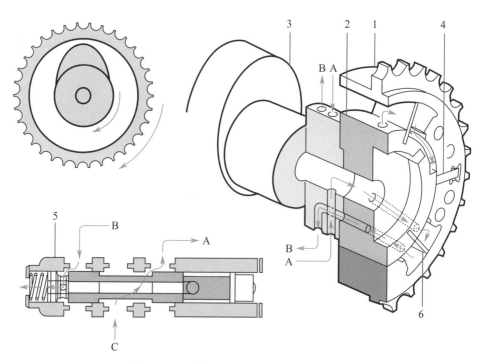

图 23-3　保持位置控制与提前位置控制

1—VVT 链轮定子；2—VVT 链轮转子；3—凸轮轴；4—锁止销；5—VVT 电磁阀；6—转子叶片

　　如果发动机控制单元计算出凸轮轴需要提前，则 VVT 电磁阀增大开度，即进入提前腔的机油压力变大，机油会推动叶片与转子顺时针旋转就可以控制凸轮轴到达提前位置。

如图 23-4 所示，当发动机控制单元计算出需要凸轮轴延迟时，VVT 电磁阀控制机油从 VVT 电磁阀的 C 端流入，经过 B 端流出，通过缸盖上面的油道进入瓦盖的 B 孔后进入 VVT 链轮。在 VVT 链轮内部先推开锁止销后通过叶片的缝隙回油。此时 VVT 电磁阀开度角度加大，流入延迟腔内的机油压力较大，所以推动叶片带着转子逆时针旋转，此时凸轮轴为最大延迟位置。

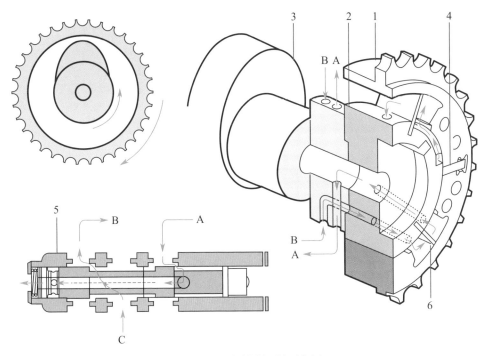

图 23-4　凸轮轴延迟控制

1—VVT 链轮定子；2—VVT 链轮转子；3—凸轮轴；4—锁止销；5—VVT 电磁阀；6—转子叶片

第二节　现代发动机 VVT 机构

现代 G4NB 发动机使用的是正时链条传动式的正时系统，进排气都装有 VVT 可变正时系统。VVT 电磁阀通过切换机油流向来改变进入 VVT 链轮内部的机油压力，从而控制配气相位提前或者延迟。如图 23-5 所示。

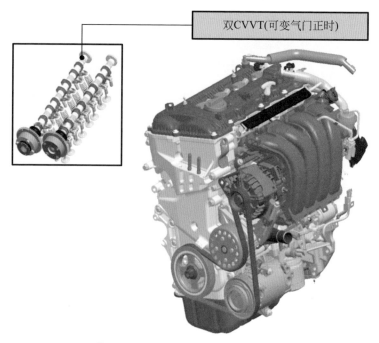

图 23-5　现代发动机 VVT 机构

如图 23-6 所示是发动机 VVT 链轮拆开的样子，该 VVT 链轮由四个螺钉固定，可拆卸分解。使用工具拆开后如图 23-6 右图所示，可以看到内部由内圈上面安装的转子和滑动叶片把外圈的腔室一分为二。其中一个为提前腔，可以提前 34°；另一个为延迟腔，可以延迟 22°。

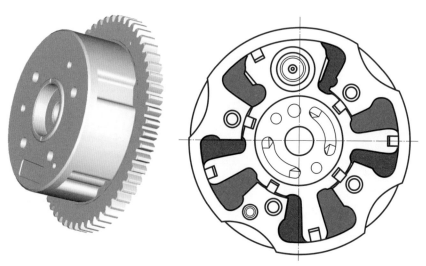

图 23-6　现代发动机 VVT 链轮

一、凸轮轴提前控制

当发动机控制单元计算出需要的提前角度时，就会控制 VVT 电磁阀让机油从 VVT 电磁阀的 C 端流入，经过 B 端流出，通过气缸盖的油道进入凸轮轴 VVT 内部的 B 孔后进入 VVT 链轮。在 VVT 链轮内部先推开锁止销后进入提前腔，然后通过叶片的缝隙回油。回油通过气缸盖的 A 油孔进入 VVT 电磁阀的 A 油孔，回流至油底壳，此时凸轮轴保持最大提前位置。如图 23-7 所示。

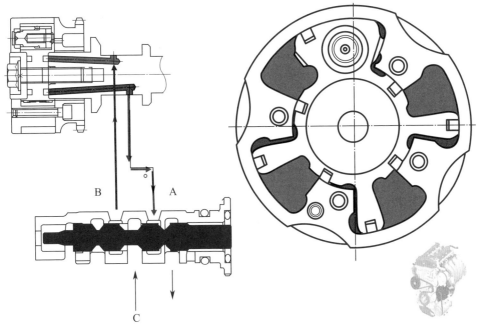

图 23-7 凸轮轴提前控制

发动机电脑通过控制 VVT 电磁阀的开度可以控制提前腔的机油压力，以控制凸轮轴是保持状态还是提前状态。

二、凸轮轴延迟控制

当发动机控制单元计算出凸轮轴需要延迟时，发动机控制单元会控制 VVT 电磁阀动作，让机油从 VVT 电磁阀的 C 端流入，经过 A 端流出，通过气缸盖的油道进入凸轮轴 VVT 内部的 A 孔后进入 VVT 链轮。在 VVT 链轮内部先推开锁止销后再进入延迟腔，最后通过叶片的缝隙回油。回油通过气缸盖的 B 油孔进入 VVT 电磁阀的 B 油孔后回流至油底壳，此时凸轮轴保持最大延迟位置。如图 23-8 所示。

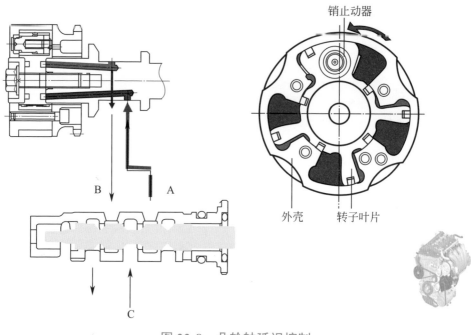

图 23-8　凸轮轴延迟控制

发动机电脑通过改变 VVT 电磁阀开度来控制进入延迟腔的机油压力，就可以调节凸轮轴延迟角度。

第二十四章
配气相位故障诊断

发动机配气相位出现异常后，就会出现各种故障现象。要学会从各种故障现象中判断是不是配气的故障。常见的配气相位出现故障后可能会出现以下故障现象：

❶ 启动延迟；

❷ 怠速抖动；

❸ 行驶加速无力；

❹ 无法启动；

❺ 混合气过稀／浓；

❻ 怠速游车。

当发动机出现以上故障现象时，要学会通过故障码分析是否有关于配气相位系统的故障，如果有就要检查配气相关的部件。

第二节　配气相位故障诊断流程

发动机配气相位故障分为两种：机械传动部分故障；信号盘／传感器故障。机械传动部分故障一定会导致上述的故障现象，而信号盘／传感器故障可能只有相关故障码而无特殊故障现象（少数车型会出现启动时间长）。

机械传动部分如果出现错误则发动机控制系统可能会报出 P0016、P0017、P0340、P0341、P0011、P0014 等之类的故障码（部分车型系统无故障码），在诊断的时候可以先读取故障码，再观察车辆发动机工作状态以及发动机系统数据流，对故障进行分析，快速锁定故障点。

异常数据流：发动机转速波动较大；发动机负荷偏大；空气流量计波动大；节气门角度过大或者波动；VVT 执行角度误差过大；进气压力过大或者波动。

如发现以上数据流异常，则发动机故障点可能就在配气相位系统。而配气相位系统的故障又分为正时故障与 VVT 故障。对于一般 VVT

故障，可以拔掉 VVT 电磁阀插头或者凸轮位置传感器插头，让 VVT 停止工作。如果 VVT 停止工作后发动机的工况改善了或者故障消失了，那么故障点就在 VVT 控制系统，应着重检查机油压力、VVT 执行器。

如果拔掉 VVT 电磁阀插头或者凸轮轴位置传感器，发动机故障现象没有改善，则故障点可能在正时链条或者正时皮带上，需要拆解后再按照原厂维修手册进行校对。

信号盘 / 传感器这类信号故障出现错误时，启动之后系统内会一直存储正时类故障码，但是大多数车辆出现信号故障时发动机工况是稳定的，在这里我们要知道如果机械正时连接部分没有安装错误，那么发动机配气相位本身是没有问题的，但是信号盘出现移位会导致发动机电脑一直监测到的是错误的正时信号波形，这样就会导致发动机系统一直报出与正时相关的故障码，但是在怠速发动机工况以及从数据流中并看不出什么特别大的问题。在维修这类故障的时候，需要利用示波器捕捉波形，采集故障车型的曲轴 / 凸轮轴同步波形与正常车辆对比进行故障点分析。

以通用 LDE 发动机为例：当发动机同时出现故障码 P0011（进气凸轮轴位置系统性能异常）和 P0014（排气凸轮轴位置系统性能异常）时，首先需要对故障码进行分析。这两个故障码都为 VVT 调节故障，就是说车辆在怠速情况下故障码出现的概率较小，车辆行驶时 VVT 介入工作，对 VVT 进行调整时，调节实际角度未达到发动机调节的目标指令，此时发动机就会报出以上故障码。在这款车上同时报出以上故障码，首先需要将车辆热车至水温 80℃以上，在缸盖排气歧管侧中间测量气缸盖机油压力（VVT 油路机油压力），当测量水温在 80℃以上的机油压力低于 130kPa（1.3bar）时，说明是气缸盖机油压力过小，导致 VVT 无法调整到目标位置，缸盖机油压力不足，从而报出故障码。在这款车发电机下方缸体内有一个机油止回调节阀，车辆在熄火时缸盖端的机油无法回流至缸体，启动后根据止回阀设定压力机油压力。机油压力高于止回阀压力时止回阀打开，对气缸盖油道进行机油补给。如果止回阀卡滞，会导致气缸盖机油压力不足，同时报出故障码 P0011 和 P0014。更换发电机下方缸体内的止回调节阀即可。

第二十五章
可变气门升程控制

第一节　宝马可变气门升程控制

一、功能介绍

对于传统的发动机，在驾驶员踩油门时通过电脑检测油门踏板被踩下去的深度，进而计算发动机需要的功率，从而控制节气门开度。进气开度变化实则是控制气缸内的进气量，因此节气门又叫做节流阀，节气门在实际控制时采用的是节流方式，因此不可避免地会产生泵气损失。

对于宝马的 Valvetronic 发动机，在驾驶员踩油门时电脑检测油门踏板被踩下的深度，进而计算发动机需要的功率，从而控制进气阀门顶上的电机。电机旋转后带动偏心轴转动，从而控制气门开启的深度，油门踏板被踩下越深，气门开启深度越大；油门踏板被踩下去越浅，气门开启越小。

可以说宝马汽车节气门的存在只是出于安全考虑，当发动机启动后节气门已经是最大开度，实际驾驶时节气门完全不参与进气量控制，进气量控制直接由进气门的升程改变，以控制发动机的转速变化。进气门在 0.18 ~ 9.9mm 之间无极变化，来调整发动机转速。这样的设计除了节油之外，还有一个重要的优点就是油门响应速度快。

二、N20 发动机电子气门部件结构

N20 发动机电子气门是通过一根电动可调式偏心轴控制的，凸轮轴对凸轮推杆的影响可通过一根中间杠杆来改变，由此产生一个可变气门升程。

N20 发动机电子气门的一个重要特点是，偏心轴传感器不再安装在偏心轴上，而是已集成到伺服电机中，即第 3 代电子气门控制系统投入应用。3 代电子气门控制系统与 2 代电子气门控制系统的区别在于电子气门控制伺服电机和传感器的布置不同。混合气的形成通过提前和掩蔽得到了优化。在压缩过程结束时，涡流的强度等级增大。通过

这个充气运动可改善部分负荷运转中和废气催化剂转换器加热运行中的燃烧效率。

1.提前

提前在下部部分负荷区中在两个进气门之间产生一个最大 1.8mm 的升程偏差，因此吸入的新鲜气体被搅动并旋转。

2.掩蔽

掩蔽是气门座的一种造型，这种造型使流入的新鲜空气被校正，从而产生预期的充气运动。这些措施的优点是，例如燃烧延迟可减小约 10°kW 热量；燃烧速度更快，并且可以产生更大的气门重叠，因此能够明显降低氮氧化合物的排放；能够通过组合使用电子气门控制系统、直接喷射和涡轮增压改善反应特性，直到自吸式发动机全负荷的反应特性像在带电子气门控制系统的自吸式发动机上一样缩短；因为取消了进气集气箱的加注过程，在废气涡轮增压器启动时建立转矩，发动机能够在低转速时通过设置部分冲程而加速，这样有助于冲稀剩余气体，从而更快建立转矩。

此电子气门控制系统使用新型无刷直流伺服电机，伺服电机具有下列特点：

❶ 开放式概念（机油穿过）；

❷ 偏心轴角度可根据发动机转速计算出；

❸ 输入功率降低约 50%；

❹ 调节的动态性更高（例如有气缸选择性的调节或怠速控制）；

❺ 减小质量（约 600g）。

第 3 代电子气门控制伺服电机包含用于识别偏心轴位置的传感器。

N20 发动机电子气门的另一个重要特点是，发动机机油穿过和环绕流过电子气门控制系统伺服电机。喷油嘴确保偏心轴的蜗轮、蜗杆传动机构得到润滑。

为降低燃油消耗而开发了电子气门控制系统。电子气门控制系统的控制已集成到数字式发动机电子伺控系统（DME）中。在电子气门控制系统激活时，供给发动机的空气不是通过电动节气门调节器，而是通过进气门的可调式气门升程来调整。

装备电子气门控制系统时，为执行下列功能而控制电动节气门调节器：

❶ 车辆启动（暖机过程）；

❷ 怠速控制；

❸ 满负荷运转；

❹ 紧急运行。

在其他运行状态下，节气门打开至只产生一个轻微的真空为止，这个真空是燃油箱排气所需要的。数字式发动机电子伺控系统（DME）根据加速踏板位置和其他参数计算出电子气门控制系统的相应位置。数字式发动机电子伺控系统（DME）控制气缸盖上的电子气门控制系统伺服电机。电子气门控制系统伺服电机通过一个蜗杆传动装置驱动气缸盖油室中的偏心轴。数字式发动机电子伺控系统（DME）持续监控偏心轴传感器的两个信号，检查这两个信号是否单独可信和相互可信，这两个信号相互间不允许有偏差。在短路或损坏时，这两个信号在测量范围之外。数字式发动机电子伺控系统（DME）持续检查偏心轴的实际位置与标准位置是否相符，由此可看出机械机构是否动作灵活。发生故障时，阀门会被尽量打开，然后通过节气门调节空气输送。如果不能识别偏心轴的当前位置，则阀门会被不加调节地最大打开（受控的紧急运行）。为达到正确的阀门孔开启程度，必须通过调校补偿气门机构内的所有公差。在这个调校过程中，调节到偏心轴的机械限位。

存储自学习的位置，这些位置在各种情况下都用作计算当前气门升程的基础。调校过程自动进行。

每次重新启动时将偏心轴位置与学习的数值相比较。如果在某次维修后识别到偏心轴的另一个位置，则执行调校过程。此外可以通过诊断系统调用调校程序。

如图 25-1 所示，N20 发动机使用的第 3 代电子气门控制伺服电机，其中包含了偏心轴位置传感器。另外电子气门控制伺服电机由发动机机油环流。喷油嘴确保偏心轴的蜗轮、蜗杆传动机构得到润滑（图 25-2）。

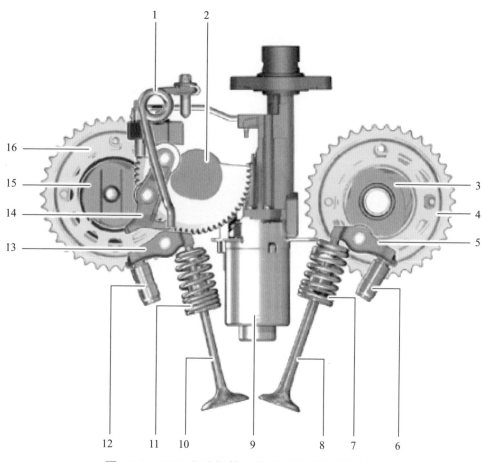

图 25-1 N20 发动机第 3 代电子气门控制系统

1—扭转弹簧；2—偏心轴；3—排气凸轮轴；4—排气 VANOS 调整装置；5—排气凸轮推杆；6—排气门液压挺柱；7—排气门气门弹簧；8—排气门；9—电子气门控制电机；10—进气门；11—进气门弹簧；12—进气门液压挺柱；13—进气门凸轮推杆；14—中间杠杆；15—进气凸轮轴；16—进气 VANOS 调整装置

电动气门控制伺服电机最大限制为 40A。在超过 200ms 的时间段内有最大 20A 的电流可供使用。按脉冲宽度调制控制电子气门控制伺服电机。脉冲负载参数在 5% ～ 98% 之间。

电子气门控制系统伺服电机的供电由数字式发动机电子伺控系统（DME）用 12V 电压进行。数字式发动机电子伺控系统（DME）通过 5 个霍尔传感器接收信号，5 个霍尔传感器用于 3 次粗略的分割和 2 个细微部分，这样便能测定 7.5° 以下的电子气门控制伺服电机转角。通过涡轮轴传动比能够非常精确和迅速地调节气门升程。

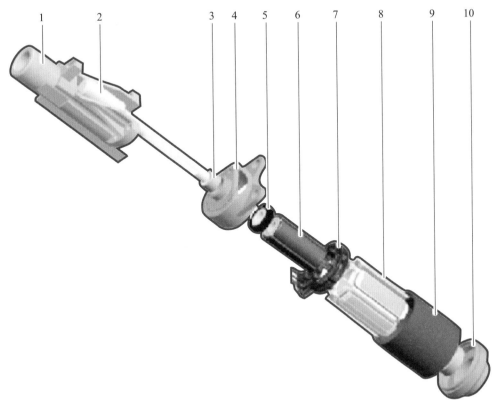

图 25-2　第 3 代电子气门控制伺服电机

1—插座；2—涡轮轴；3—滚针轴承；4—轴承盖；5—磁传感轮；6—带 4 个磁铁的转子；

7—传感器；8—定子；9—壳体；10—轴承

第二节　奥迪可变气门升程控制

一、功能介绍

　　发动机 AVS 可变气门升程系统的作用是解决低速工况要求较好的燃油经济性与高速工况要求较强的动力性之间的矛盾，它实现了在低转速与高转速不同工况下，燃油经济性和动力性的完美结合。如图 25-3所示。

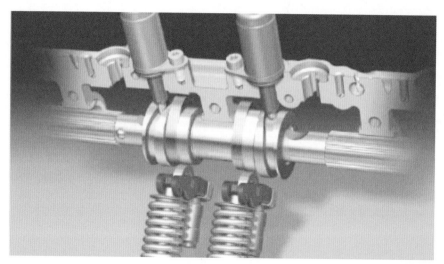

图 25-3 奥迪可变气门升程控制系统

二、部件结构

发动机 AVS 可变气门升程系统由发动机控制单元、AVS 电磁阀、凸轮轴、气门、螺旋沟槽等组成。如图 25-4 所示。

电磁驱动器

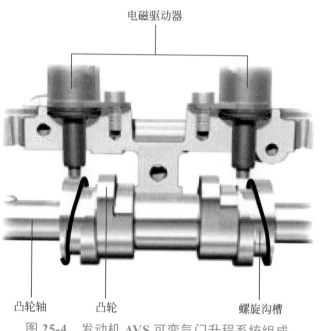

凸轮轴　　　凸轮　　　　　　螺旋沟槽

图 25-4　发动机 AVS 可变气门升程系统组成

汽车电控发动机　构造·原理·分析·诊断·维修

发动机 AVS 可变气门升程系统中的发动机控制模块向 AVS 执行器电磁阀提供脉宽调制信号，在电磁阀的作用下通过螺旋沟槽可以使凸轮轴向左或向右移动，从而实现不同凸轮间的切换。

凸轮轴的结构：进气凸轮轴有花键，凸轮块装在花键上，这些凸轮块可在轴向移动 7mm，有两个不同的凸轮外形，一个升程大、一个升程小。如图 25-5 所示。

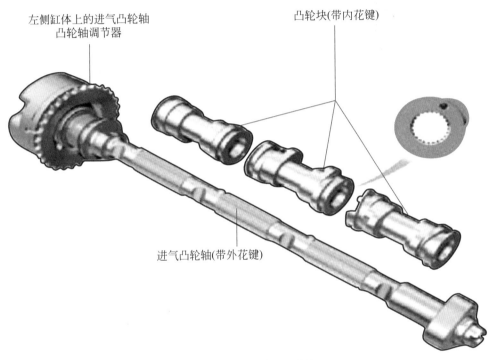

左侧缸体上的进气凸轮轴
凸轮轴调节器

凸轮块(带内花键)

进气凸轮轴(带外花键)

图 25-5 凸轮轴的结构

三、控制流程

发动机控制单元需要监测凸轮轴位置传感器信号、发动机转速传感器信号、空气质量传感器 / 发动机负荷信号、冷却液温度。如图 25-6 和图 25-7 所示。

发动机高负荷的情况下，AVS 系统将凸轮块向右推动 7mm，使角度较大的凸轮推动气门，在该情况下气门升程可达到 11mm，可提供燃烧室最佳的进气流量和进气流速，以达到最强的动力输出。

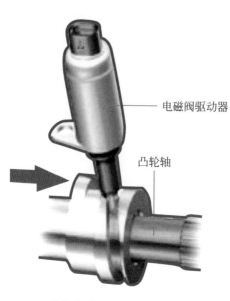

电磁阀驱动器

凸轮轴

高负荷时，电磁驱动器使凸轮
轴向右移动，切换至高角度凸
轮轴，从而增大气门的升程

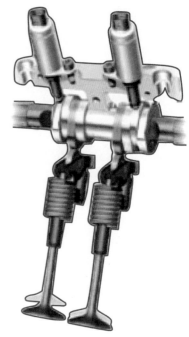

高负荷时，气门升程较
大，进气量也较大

图 25-6　控制流程（高负荷）

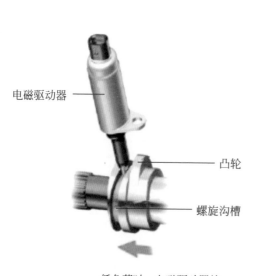

电磁驱动器

凸轮

螺旋沟槽

低负荷时，电磁驱动器使
凸轮轴向左移动，切换至
普通凸轮轴，使气门的升
程变短

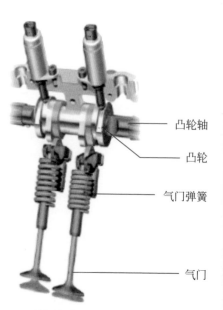

凸轮轴

凸轮

气门弹簧

气门

低负荷时，气门升程较
小，进气量也较少

图 25-7　奥迪 AVS 工作原理示意图控制流程（低负荷）

而在低负荷的情况下，为了追求发动机效能，此时 AVS 系统将凸轮块推至左侧，以较小的凸轮推动气门。此时气门升程可在 2 ～ 5.7mm 之间进行调整，而不对称的进气升程设计，也让空气以螺旋的方式进入燃烧室达到最佳燃油经济性。

第二十六章
有害气体的产生与控制

第一节 有害气体排放来源

汽车发动机的有害气体来源主要为尾气排放、油箱蒸气排放、曲轴箱废气排放。针对不同的废气排放所采取的策略不同，尾气排放主要由三元催化与 EGR 处理再通过优化燃烧方式达到减小排放的目的，燃油蒸气排放处理主要使用活性炭罐收集油箱蒸气再引入气缸燃烧，曲轴箱废气主要通过曲轴箱强制通风装置将废气引入气缸再次燃烧。如图 26-1 和图 26-2 所示。

(a) 燃烧尾气

(b) 油箱蒸气

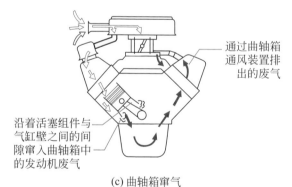

(c) 曲轴箱窜气

图 26-1 有害气体排放来源（1）

汽车尾气中含有一氧化碳（CO）、烃类化合物（HC）、氮氧化合物（NO_x）、二氧化硫、铅、炭微粒和其他杂质粉尘等，这些物质对人类和整个生态环境危害极大，其中一氧化碳、烃类化合物、氮氧化合物是主要的有害排放物。

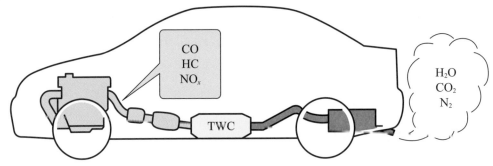

图26-2 有害气体排放来源（2）

要想处理这些有害气体就先弄清楚有害气体的生成机理。针对不同类型的有害气体生成机理不同。

CO是由于在局部缺氧或者低温下由于燃料不完全燃烧而产生的。当混合气过浓、空气不足时燃烧也会产生大量CO。

汽油的主要成分是碳和氢，HC的产生除了不能完全燃烧以外，缸壁的淬冷层是HC的主要来源。由于汽油机混合气燃烧是靠火焰传播的，当火焰传播到气缸壁附近时，由于气缸冷却作用，使气缸壁附近大概0.5mm的混合气不能燃烧，通常把这部分不能烧着的混合气称为淬冷层。淬冷层的厚度与发动机的缸壁温度、空燃比、缸压有很大关系。另外顶部活塞环与缸壁之间的缝隙，火焰也无法传播，所以也是HC的主要来源。

实际操作中，混合气不正常、点火不正常都会使尾气中HC排放增加。

氮气是惰性气体，在空气占78%。一般情况下不容易与其他气体发生化学反应。氮气在1500℃，高压、富氧的条件下，与氧气反应形成氮氧化合物。

HC和CO是燃烧不完全的产物，处理时要采用氧化反应。

NO_x是氧化后的产物，处理时要采用还原反应。

在优化燃烧方式上控制有害气体的生成主要是研究空燃比对有害气体的影响。如图26-3所示，混合气浓时，由于燃烧高峰时氧浓度很低，NO_x生成量很低。当空燃比为15.5～16，稍稀的混合气使NO_x生成量达到峰值。当空燃比大于16时，虽然氧浓度增加，但是燃烧温度低，限制了 NO_x 的生成。

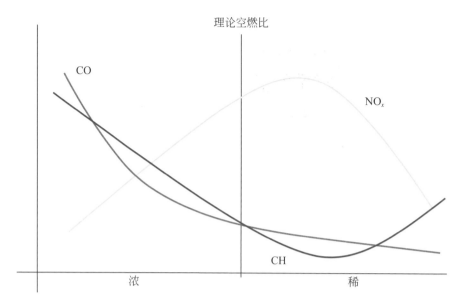

图 26-3　空燃比对有害气体的影响

当空燃比在 17 以内，HC 随混合气浓度减稀而减少。

当空燃比超过 17 时，由于混合气过稀，容易发生火焰不能完全燃烧，甚至断火，使 HC 排放增加。

当混合气浓超过 14.7∶1 时，CO 排放急剧上升；空燃比大于 16 时，则趋于稳定，而且数值低。这说明混合气浓时，由于燃料燃烧需要的氧气不足，所以 CO 排放增大。同时也说明想要减少 CO 排放，必须采用稀混合气。

实验证明，发动机 CO 排放基本取决于空燃比，与其他因素关系不大，所以 CO 值是很好的空燃比"指示器"。

第二节　汽油发动机有害气体处理技术

了解了有害气体的生成机理后，再来看一下发动机上有哪些技术是为了解决有害气体的生成，以及它们是如何工作的。如图 26-4 所示。

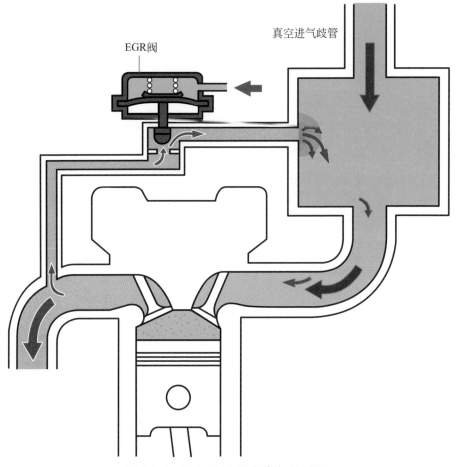

EGR阀

真空进气歧管

图 26-4 汽油发动机有害气体处理

简单说 NO_x 是在高温、高压下产生的，而高温、高压是发动机工作效率最高的时候，所以要想处理 NO_x 就需要降低气缸内的温度或者压力，汽车上采取的方式为将适量的废气引入气缸内参加燃烧。排气中主要成分是 CO_2、H_2O、N_2，这三种气体都是比热比较高的气体，即吸热量大，将废气与新鲜混合气混合后再燃烧，燃烧高峰时的高温会被这三种气体吸收从而降低 NO_x 的排放。为了保证发动机正常工作和性能不受过多影响，必须根据发动机工况的变化，控制废气再循环量（作用：降低尾气中的 NO_x 含量）。

控制废气进入气缸内再次燃烧所使用的方式为 EGR（废气再循环）控制系统或者是排气门可变正时系统。

一、EGR 阀控制策略

过量的废气将使发动机的燃烧恶化，动力性、经济性下降。因此废气再循环的量和时机要严格控制，所以 EGR 的控制策略要综合考虑动力性、经济型和排放性能。

冷机、怠速、小负荷：NO$_x$ 排放浓度低，为了保证稳定燃烧，不进行 EGR 控制。

大负荷、高速：为了保证发动机有较好的动力性，此时混合气较浓，NO$_x$ 排放生成物较少，可不进行 EGR 控制或减少 EGR 率。

部分负荷：随着负荷增加，EGR 率允许值也增加。

二、步进电机式 EGR 阀

如图 26-5 和图 26-6 所示，步进电机式 EGR 阀包括阀体、阀座、阀杆、驱动装置，其特征在于驱动装置为旋转式步进电机。欲使步进电动机正转时，相线控制脉冲极向右方向移动，转子随之正转；反之，欲使步进电动机反转时，相线控制脉冲按 4 相、3 相、2 相、1 相的顺序依次超前 90° 相位角，定子上 N 极向左方向移动，转子随之反转。

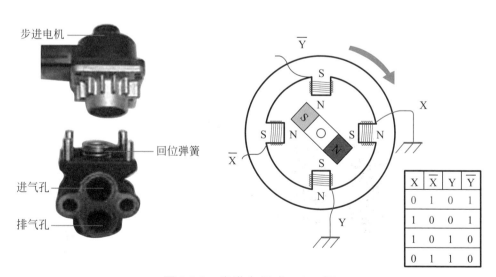

图 26-5 步进电机式 EGR 阀

217

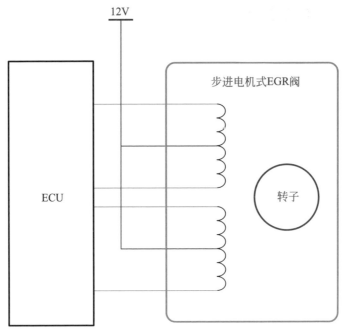

图 26-6 步进电机式 EGR 阀工作原理

三、占空比控制带位置反馈式 EGR 阀

如图 26-7 和图 26-8 所示，这种占空比控制带位置反馈式 EGR 阀，主要由一个电磁阀和一个位置传感器组成，电磁阀由发动机电脑通过占空比信号来控制，电磁阀的阀芯位置决定了 EGR 阀的开启程度，同时由位置传感器监测阀芯的位置形成闭环控制。

图 26-7 占空比控制带位置反馈式 EGR 阀

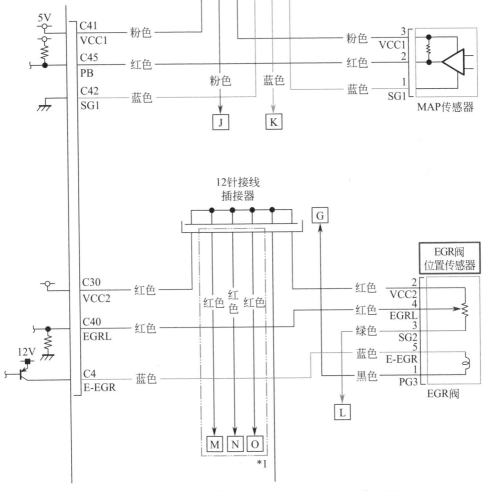

图 26-8 占空比控制带位置反馈式 EGR 阀工作原理

四、三元催化器

当有害气体不可避免地产生时，则需要在排气系统上安装净化装置。目前主流的是三元催化器以及国六排放系统的 DPF 颗粒捕捉器系统。如图 26-9 所示。

如图 26-10 所示，当高温的汽车尾气通过三元催器时，三元催化器中的净化剂将增强 CO、HC、NO_x 三种气体的活性，促使其进行一定的氧化还原化学反应，其中 CO 在高温下氧化成无色、无毒的二氧化碳气体；HC在高温下氧化成水和二氧化碳；NO$_x$还原成氮气和氧气。三种有害气体变成无害气体，使汽车尾气得以净化。前提是还有氧气可用，空燃比要合理。

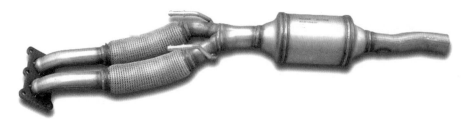

图 26-9　三元催化器

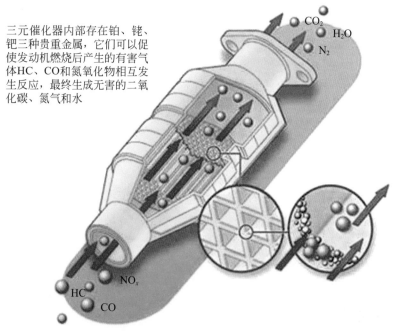

三元催化器内部存在铂、铑、钯三种贵重金属，它们可以促使发动机燃烧后产生的有害气体HC、CO和氮氧化物相互发生反应，最终生成无害的二氧化碳、氮气和水

CO$_2$
H$_2$O
N$_2$

NO$_x$
HC
CO

图 26-10　三元催化器工作原理

三元催化器的载体部件是一块多孔陶瓷材料，安装在特制的排气管中。称它是载体，是因为它本身并不参加催化反应，而是在上面覆盖着一层铂、铑、钯等贵重金属和稀土涂层。三元催化器是安装在汽车排气系统中最重要的机外净化装置。由于这种催化器可同时将废气中的三种主要有害物质转化为无害物质，故称"三元"。

三元催化器理想的运行温度为 400～800℃，温度过低时，转换效率急剧下降，超过 1000℃会加速三元催化器的老化，使其提前失效。正常使用寿命为 8 万～10 万千米。

在三元催化器后方安装一个后氧传感器来检测三元催化效率，如果三元催化效率最高，那么后氧传感器输出电压应该在一个固定的值不动。一旦检测到后氧传感器信号电压跳变过快（解决前氧传感器跳变），电脑即认为三元催化效率过低。如图 26-11 所示。

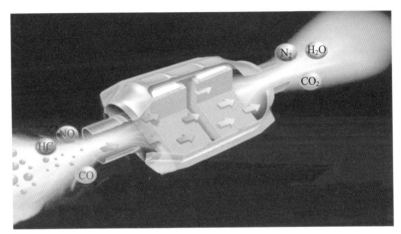

图 26-11　三元催化器后方安装后氧传感器

不同发动机的空燃比要求不同，有的是稀薄燃烧，有的是按照理论空燃比燃烧。因此后氧传感器电压可能在 0.2V 保持不动（稀薄燃烧车型）或者 0.7V 保持不动（理论空燃比燃烧）。长时间的信号电压不变，电脑并不知道传感器信号是否卡滞（相应速度），因此某些车型在行驶过程中电脑会主动控制空燃变化以检查后氧传感器的活跃性。

第三节　国六排放标准下尾气净化系统

发动机的污染主要来自 4 个组成部分：细颗粒排放物质（PM）、碳氢化合物（HC）、氮氧化物（NO_x）和一氧化碳（CO）。其中细颗粒排放物质（烟灰）大部分由炭或碳化物的微小颗粒（尺寸为 4～20μm）

所组成。2019 年 7 起，全国各地开始实施国六排放法规，国六排放法规相比国五排放法规对尾气的颗粒排放物提出了更加严格的要求，PM 限值下降了 33%，而且还新增了 PN（细颗粒物数量）的限值要求，同时增加实际道路试验循环测试（RDE，Real Driving Emission）。如表 26-1 所示。

表 26-1　汽油车排放法规实施标准

汽油车排放	国五	国六 a	国六 b
CO（一氧化碳）/（g/km）	1000	700	500
NMHC（非甲烷烃）/（g/km）	68	68	35
NO_x（氮氧化物）/（g/km）	60	60	35
PM（细颗粒物重量）/（mg/km）	4.5	4.5	3
PN（细颗粒物数量）/（个/km）	无	6×10^{11}	6×10^{11}

当前，为有效降低颗粒物排放，市场上出现了高轨压、改良的多孔喷油器等诸多技术，但这些技术主要通过改善原始排放的方式来降低颗粒物质量，其效果视发动机基础、匹配水平而异。这样一来对那些原尾气排放不够好的主机厂来说，为了满足新的标准就必须想办法降低发动机尾气的颗粒排放物。而汽油机颗粒捕集器是从排放后处理的角度来降低颗粒物排放的技术，其过滤效率高达 90%，同时也能有效控制颗粒物数量，是目前各大主机厂的采用的主流技术，具有广阔的市场应用前景。

一、什么是汽油机颗粒捕集器

汽油机颗粒捕集器（Gasoline Particulate Filter，GPF）由流通式三效催化器演变而来，是一种安装在汽油发动机排放系统中的陶瓷过滤器，外形一般为圆柱体。如图 26-12 所示。

如图 26-13 所示，GPF 主要以壁流式蜂窝陶瓷为载体，载体体内有很多平行的轴向蜂窝孔道，相邻的两个孔道内一个只有进口开放，另一个只有出口开放。排气从开放的进口孔道流入，通过 GPF 载体多孔壁面至相邻孔道排出。

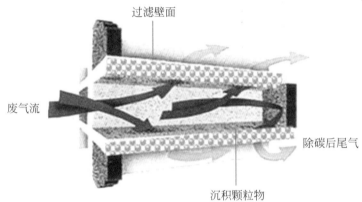

图 26-12　汽油机 GPF

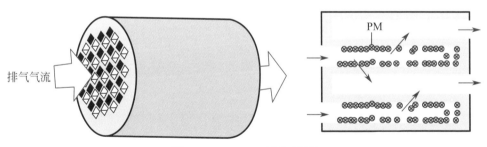

图 26-13　GPF 工作原理

　　颗粒物通过拦截、碰撞、扩散、重力沉降等方式被捕集在载体的壁面内以及壁面上，从而实现在微粒排放物质进入大气之前将其捕集。如图 26-14 所示。

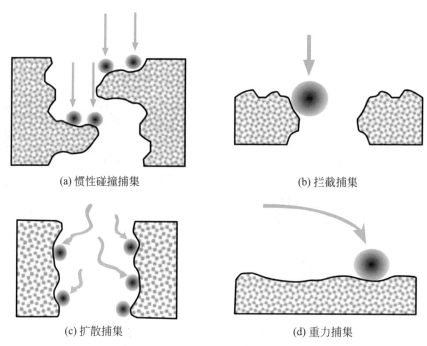

(a) 惯性碰撞捕集   (b) 拦截捕集

(c)扩散捕集   (d) 重力捕集

图 26-14 　GPF 颗粒物捕集方式

二、汽油机颗捕集器装在哪里

对于 GPF 的安装布置形式，目前主流的有三种：四元催化器形式（Four Way Catalyst，FWC），即 GPF 与三元催化器合二为一，在 GPF 载体表面涂覆一层催化剂；后置式（Under Body，UB），即 GPF 布置在三元催化器下游位置；紧耦合式（Close Coupled，CC），即 GPF 与三元催化器集成到一起安装。这三种形式各有其优缺点，可见表 26-2。

表 26-2 　GPF 的安装布置形式

类型	布置形式	优点	缺点
FWC	FWC	（1）积炭少 （2）易再生 （3）对发动机原排需求较低	（1）难以布置 （2）油耗／功率影响较大 （3）加速催化器老化 （4）载体温度负载高

汽车电控发动机　构造·原理·分析·诊断·维修

类型	布置形式	优点	缺点
UB	三元催化器 GPF	（1）方便布置 （2）过滤效率较高 （3）对背压和油耗影响较小	（1）再生频次高 （2）易积炭 （3）再生频次高入口温度低，被动再生困难
CC	三元催化器 GPF	（1）容易实现安装布置 （2）对发动机原排需求较低 （3）入口温度高，被动再生容易	（1）不方便布置 （2）过滤效率较低

主机厂选择布置方式主要会考虑以下几个方面。

❶ 底盘布置空间：根据车型不同，发动机以及排气系统的布置会有很大不同，需要考虑到各种限制条件。

❷ 排气温度：GPF 再生需要依靠排气温度，再生温度可以由特殊工况来达到，最好的情况还是能够在正常行驶工况下达到再生温度。

❸ 捕集率：GPF 的布置越靠近发动机排气歧管，发动机的排气背压越大，尾气的流速也就越大，但是捕集率会降低。

❹ 成本：不言而喻，用最少的钱来达到目的。

三、什么是汽油机颗粒捕集器再生

当车辆行驶一段时间后，GPF 里的颗粒物逐渐增加会引起发动机背压升高，导致发动机性能下降，所以需要定期除去沉积的颗粒物，恢复 GPF 的过滤性能。即让其中的炭发生化学反应，氧化燃烧，称为 GPF 的再生。GPF 再生可以用以下几个化学方程式表达。

GPF 内部温度在 600℃以上且氧浓度大于 0.5% 时，发生化学放热反应。

$$C+O_2 = CO_2$$

GPF 内部温度高于 800℃，且没有氧气时，发生如下化学吸热反应。

$$C+H_2O = CO+H_2$$

对于存在催化涂覆的 FWC，在 250 ~ 450℃之间时还可以进行被动再生，即连续再生反应。

$$C+2NO_2 = CO_2+2NO$$

GPF 的再生有被动再生和主动再生两种。

被动再生指的是在日常驾驶工况下通过驾驶员松踏板时，发动机断油，大量氧气进入 GPF，实现再生。

主动再生指的是在被动再生无法满足的情况下，车辆在特殊工况（例如：保持 80km/h 行驶 30min）下行驶，利用 ECM 给发动机指令，后推点火角，使得尾气温度升高，待 GPF 温度升高后，再减稀空燃比（过量氧气），实现 GPF 再生。

需要注意的是 GPF 再生无法移除灰分（CaO，P_2O_5，ZnO，SO_3，Fe_2O_3），随着时间的累积，积满后，需要到维修站更换 GPF。

四、如何检测诊断汽油机颗粒捕集器

在国六法规的 OBD 部分中对颗粒捕集器的监测要求，核心思想就是要及时有效地检测出颗粒捕集器的性能下降故障，避免故障带来的恶劣的环境影响，降低在用车整体的排放水平。检测诊断 GPF 可以为 GPF 的颗粒再生控制提供再生需求等信号支撑，而且为实现 GPF 堵塞等诊断需求提供了可能。根据 GPF 的布置方式，目前有三种主流检测 GPF 的方式：温度法、压差法、OSC 法。

1.温度法

由于 GPF 一般是由陶瓷载体（如堇青石）制备而成，基于该载体材料热熔的存在，在发动机瞬态工况点，变化的排气气流温度流经 GPF 时，在 GPF 下游温度相对上游温度会产生一定的"延迟"效应。因此，从物理原理上说，可通过 GPF 上下游的温度传感器，根据温度变化"延迟"程度的不同，对 GPF 移除或丢失进行诊断。如图 26-15 所示。

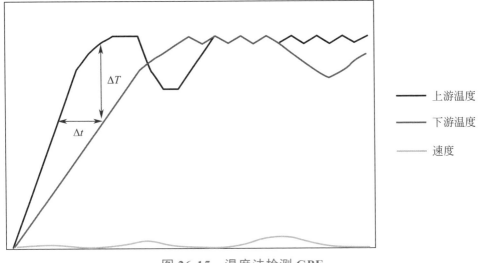

图 26-15 温度法检测 GPF

图例：
— 上游温度
— 下游温度
— 速度

GPF 所用的温度传感器的核心元件为铂电阻（正温度系数电阻），传感器电阻随排气温度变化而变化，输出温度 - 阻值特性曲线，系统通过读取产品阻值而获得相应的排气温度数据。如图 26-16 所示。

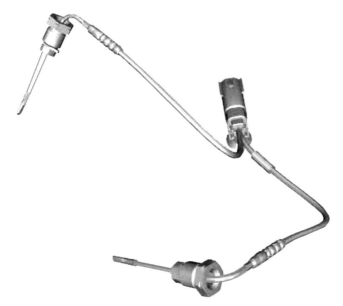

图 26-16 GPF 温度传感器

2.压差法

GPF 会对通过的排气产生"阻碍"作用，其阻碍作用主要包括：过滤体壁面和覆盖其上的颗粒的流动阻力，进出口通道的沿程阻力，以及排气流入、流出时由于截面变化引起的压缩/膨胀阻力，这种"阻碍"作用的宏观表现就是压降，即上下游会有一定的压力差值。不同状态下的GPF，其压降表现也不同，当GPF载体发生性能下降，甚至损坏、移除时，排气流经GPF时的压降就会发生相应变化。如图26-17所示。

3. OSC法

由于FWC是一种带有涂层的GPF，类似于催化器，因此FWC具有一定的储氧能力。当对FWC进行"加浓减稀"时，前后氧传感器的电压信号会产生一定的"延迟"效应。在FWC上下游安装氧传感器，根据前后氧传感器电压信号"延迟"程度的不同，可以对载体完全损坏、移除甚至丢失进行诊断，其原理等同于临界催化转化器诊断。

五、汽油机颗粒捕集器的控制策略是怎么样的

从GPF内部再生过程来看，温度和排气中氧含量是决定再生效率的重要因素。由于汽油车实际行驶工况下很难达到条件使其主动再生，并且需要准确判断GPF何时进行再生，因此需要EMS控制系统了解GPF的碳载量状态，并对再生过程实施精确控制。

对于碳载量的状态监测一般采用压差法来进行判定，但考虑到压差在低排气流量下偏差较大以及瞬态工况下测量精度无法保证等问题，因此还会辅助以模型计算法来进行判定。需要建立Soot累碳模型和Soot燃烧模型。如图26-18所示。

GPF再生控制主要围绕再生协调展开。当碳载量的状态达到再生需求，或者整车行驶距离、发动机运行时间等其他需求达到条件时，系统会进行再生协调，通过混合气减稀、推迟点火等来进一步满足GPF再生过程对GPF入口温度和排气氧含量的需求。此外，再生过程中也需要根据当前运行工况来输出目标空燃比和目标再生温度，确保GPF的安全有效再生。另外，当再生时间过长或者GPF再生温度过高时系统则会退出再生过程。总之，GPF的再生协调过程是个闭环控制的循环过程，共同确保GPF再生的准确性和合理性。如图26-19所示。

汽车电控发动机 构造·原理·分析·诊断·维修

——三元催化TWC：净化发动机排放污染物CO、NO$_x$、HC，使其在尾气中的含量满足法规要求

——压差传感器DPS：实时监测GPF两端端压力，输出给ECU，为GPF再生控制策略提供数据支持

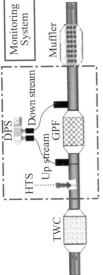

GPF   GPF
上游   下游
P1   P2

——温度传感器HTS：实时监测GPF进气温度，输出给ECU，为GPF再生控制策略提供数据支持

压差传感器DPS连接管路
1.连接DPS和GPF，传递压力/差，一般由软管和硬管组成
2.材料：软管推荐使用VMQ或AEM等耐温较高的材料(一般要求耐温＞180℃)，硬管推荐使用SUS304不锈钢，提高耐腐蚀及制造性能

汽油机颗粒捕集器GPF：
1.根据国六法规要求，直喷发动机需要控制颗粒物数量PN及质量PM，GPF可以通过小孔之间的壁面过滤颗粒物，以达到控制颗粒物含量的目的
2.再生：由标定策略控制，使GPF孔壁上的颗粒物进一步燃烧，从而提高GPF捕捉颗粒物的耐久性

注：国六B带GPF方案

图26-17 国六催化器详解（压差法检测 GPF）

229

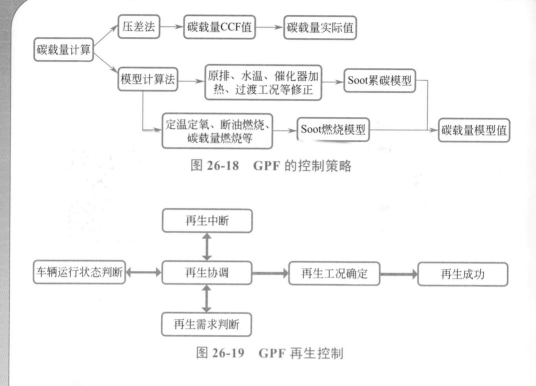

图 26-18　GPF 的控制策略

图 26-19　GPF 再生控制

六、汽油机颗粒捕集器应该如何保养

由于 GPF 是通过将载体封装在管道内起到密封的作用，所以无法直接更换载体，只能连同三元催化器或者排气管一同更换。一旦灰分和碳累积过多，就会导致通道积满而只能更换 GPF，这样一来势必造成车主需要花费较高的费用。所以车主在日常使用过程中应该保持良好的驾驶习惯，减少积炭的产生，尤其是低温地区，减少怠速的驾驶场景。另外还要注意颗粒捕集器警告灯是否点亮。安装了 GPF 的车辆会配置颗粒捕集器警告灯，类似于如图 26-20 所示的图标。

图 26-20　GPF 图标

汽车电控发动机　构造·原理·分析·诊断·维修

当该警告灯点亮时表示颗粒捕集器饱和到了一定程度，需要进行再生，车主可以在高速公路上驾驶车辆保持在 80km/h 以上的速度行驶，直到该灯熄灭，表示车辆恢复正常。当该警告灯闪烁时，表示颗粒捕集器已满，主动再生和被动再生均无法有效清除烟尘，这时控制器会限制发动机的输出扭矩，如果同时发动机故障警告灯也点亮的话，需要到维修站进行驻车再生，如果忽略这个报警，可能降低车辆性能，甚至导致发动机无法启动，最终更换 GPF。

所以总体来说对于 GPF 的保养，需要注意的两个要点是：减少怠速，多跑高速。

GPF 系统常见故障码及含义见表 26-3。

表 26-3　GPF 系统常见故障码及含义

故障码	UAES 说明	可能故障原因
P1290-00	颗粒捕集器压差传感器后运行 Offset 检查值不合理	传感器老化或虚接，串入 / 并入电阻
P12B1-00	颗粒物捕集器背压过高	GPF 累碳 / 累灰量过高或 GPF 被异物堵塞
P226D-00	颗粒物捕集器被移除，压力传感器 / 管路异常故障	GPF 载体被移除或压力传感器故障或管路异常
P1291-00	颗粒捕集器压差传感器 GPF 动态响应性不合理或管路异常	传感器老化或串入电阻
P2455-00	颗粒捕集器压差传感器电路电压过高	传感器信号线断开或对电源短路
P2454-00	颗粒捕集器压差传感器电路电压过低	传感器信号线对地短路
U0601-00	颗粒捕集器压差传感器 Sent 通信故障	压差传感器故障
U0601-41	颗粒捕集器压差传感器数据检查不合理	压差传感器故障
P1293-00	颗粒捕集器压差传感器通道 1 数字信号不合理（Sent 信号过高或过低）	压差传感器故障
P1294-00	颗粒捕集器压差传感器通道 2 数字信号不合理（Sent 信号过高或过低）	压差传感器故障
P12A2-00	颗粒捕集器压差传感器管路连接错误	上下游管路接反或上游管路脱落

故障码	UAES 说明	可能故障原因
P12A3-00	颗粒捕集器压差传感器后管连接管路异常 / 完全堵塞 / 传感器信号异常	下游管路脱落，完全堵塞或传感器信号故障
P1296-00	颗粒捕集器压差传感器信号黏滞	传感器老化或虚接，串入 / 并入电阻
P20E3-24	颗粒捕集器下游温度传感器冷启动校验不合理（正偏差）	传感器电路分压，并入电阻
P20E3-23	颗粒捕集器下游温度传感器冷启动校验不合理（负偏差）	电路老化或虚接，串入电阻
P2084-62	颗粒捕集器下游温度传感器信号模型和实际偏差过大	传感器老化或虚接，串入 / 并入电阻
P2033-00	颗粒捕集器下游温度传感器电路电压过高	传感器信号线断开或对电源短路
P2032-00	颗粒捕集器下游温度传感器电路电压过低	传感器信号线对地短路
P2084-2A	颗粒捕集器下游温度传感器信号黏滞故障	传感器老化或串入电阻
P20E2-24	颗粒捕集器上游温度传感器冷启动校验不合理（正偏差）	传感器电路分压，并入电阻
P20E2-23	颗粒捕集器上游温度传感器冷启动校验不合理（负偏差）	电路老化或虚接，串入电阻
P2080-62	颗粒捕集器上游温度传感器信号模型和实际偏差过大	传感器老化或虚接，串入 / 并入电阻
P0546-00	颗粒捕集器上游温度传感器电路电压过高	传感器信号线断开或对电源短路
P0545-00	颗粒捕集器上游温度传感器电路电压过低	传感器信号线对地短路
P2080-2A	颗粒捕集器上游温度传感器信号黏滞故障	传感器老化或串入电阻

汽车电控发动机

构造 · 原理 · 分析 · 诊断 · 维修

第二十七章
发动机冷却系统

发动机的热使用率一般最大可达到41%左右，而其他的能量全部转化为热量，这样发动机的温度就会很高。早期的发动机会通过一套冷却系统把多余的热量散出去，以控制发动机在一个正常的工作温度工作。

理想的发动机工作温度应该从两方面综合去考虑：较高的工作温度会降低发动机的摩擦系数，使发动机的燃油经济性更高；较高的发动机工作温度会使发动机的零部件无法承受以及充气效率降低。因此综合考虑，一般的发动机工作温度会控制在80～103℃之间。

现在很多高性能的发动机会分开设计，让缸体的温度偏高以降低发动机的摩擦，以让缸盖的温度较低，使得充气效率提高。或者根据发动机的当前负荷去实时控制发动机温度在78～120℃之间变化（代表发动机大众三代EA888、宝马N20）。

第一节　普通带节温器冷却系统

普通的发动机使用的是石蜡式节温器（图27-1），控制发动机冷却系统的大循环和小循环以及冷却风扇配合工作，可以使发动机快速升温，并使用冷却风扇控制发动机温度在合理的工作温度以内。冷却系统工作循环如图27-2所示。

图27-1　石蜡节温器

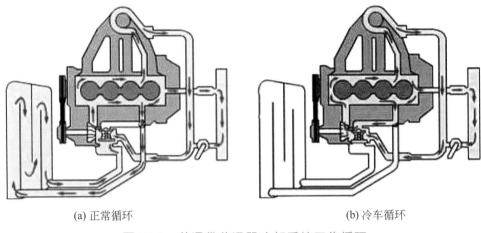

| (a) 正常循环 | (b) 冷车循环 |

图 27-2　普通带节温器冷却系统工作循环

不同状态下节温器的冷却液流向如图 27-3 所示。

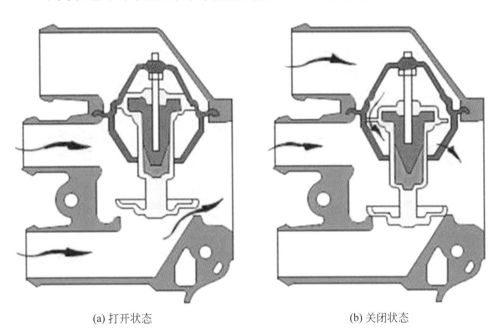

| (a) 打开状态 | (b) 关闭状态 |

图 27-3　不同状态下节温器的冷却液流向

　　冷车启动时发动机温度较低，此时石蜡节温器为关闭位置。冷却液由水泵驱动，经过暖风水箱再回到发动机中。

　　当发动机温度达到石蜡节温器开启温度时，节温器打开，冷却液经节温器流进冷却水箱后再回到发动机。

在冷却水箱附近安装有冷却风扇，冷却风扇的驱动方式有两种：一种是直接由发动机曲轴通过皮带驱动；还有一种是由电机控制。

皮带驱动的风扇一般是直接驱动，也有在风扇皮带盘上装一个硅油风扇进行驱动的。装有硅油风扇的硅油耦合器在温度较低时风扇与皮带盘之间不是硬性连接，但也能带动风扇低速转动，当通过冷却水箱过来的空气温度较高时就加热了硅油耦合器，使得耦合器与风扇硬性连接，此时风扇高速转动。如图 27-4 所示。

图 27-4　皮带驱动的风扇

电机控制的风扇也有两种控制方式：一种是通过安装在大循环上的温控开关控制电机的高低速转动；另一种是发动机通过水温传感器获取发动机温度并在适当的时候主动控制风扇继电器闭合从而控制风扇高低速运转。

第二节　电子节温器冷却系统　

一、装有电子节温器车型的控制逻辑

现在很多高性能发动机会根据负荷来实时调整其工作温度，不同

车型采取的方式不同。这里介绍由电子节温器控制的车型是如何实现的。如图 27-5 所示。

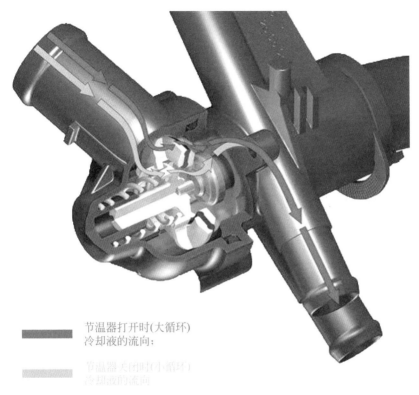

━━━ 节温器打开时(大循环)
　　　冷却液的流向;

━━━ 节温器关闭时(小循环)
　　　冷却液的流向

图 27-5　电子节温器

电子节温器的冷却系统结构与普通石蜡节温器冷却系统基本是一样的，只不过相对传统的石蜡式节温器在内部增加了一个加热装置，由发动机电脑通过占空比信号控制加热电流的大小，从而可以根据发动机的不同负荷来更加精确地控制节温器的开启大小和开启时机。

发动机电脑通过发动机转速、发动机负荷、车速、进气温度、冷却液温度综合计算出当前的发动机最佳温度。发动机电脑根据水温传感器反馈的信号得知当前发动机实际温度是多少，进行比较后控制电子节温器。

如果发动机是大负荷工作，需要的温度较低，则电脑就会控制电子节温器的加热装置给节温器内部的石蜡加热，使得节温器提前打开，再配合电子扇的工作控制发动机工作在合理的温度。

当发动机工作在中等负荷或者小负荷时，电脑根据发动机内部储存的温度曲线实时控制节温器开度，以到达发动机目标工作温度。

如果电子节温器的加热装置出现故障，那么节温器内部的石蜡也会像普通节温器一样打开，保证发动机工作温度不会过热。

当发动机无法准确判断当前的负荷或者无法精确控制发动机功率时，发动机电脑会控制电子扇高速常转，电子节温器加热，让发动机温度固定在应急状态。

二、电子节温器故障排除技巧

带电子节温器的车型在整个系统上并没有增加多少硬件，只是在普通节温器上增加了一个加热丝，以及软件上的优化，因此故障率并不会增加多少。一般常见的就是电子节温器加热丝故障，以及发动机负荷控制出故障后电子扇常转故障。

常见电子节温器的电路如图 27-6 所示。电子节温器有两个端子：一个是由主继电器通过保险供电；另一个是由发动机电脑控制的负极回路。发动机电脑以占空比形式控制负极搭铁以控制加热电流，最终控制电子节温器的开度。

如果发动机电脑报出与电子节温器相关的故障码，则优先检查电子节温器的阻值以判断电子节温器加热丝是否开路；接着打开点火开关检查节温器供电是否正常；最后使用试灯串入节温器插头，观察试灯是否闪烁，以判断电脑控制是否正常。

加热丝由发动机舱熔丝盒 F47 10A 保险供电。

控制来自发动机电脑的 X2 插头的 70 号脚。

启动车辆以后，把功率试灯串在电子节温器插头的两根线之间。由于发动机温度越高，发动机电脑控制节温器的有效占空比越大，所以随着水温的升高，试灯会越来越亮。如果不亮则检修线路。

如果电子节温器的线路是好的，但是节温器前后水温仍然相差很大，则是电子节温器本身损坏。

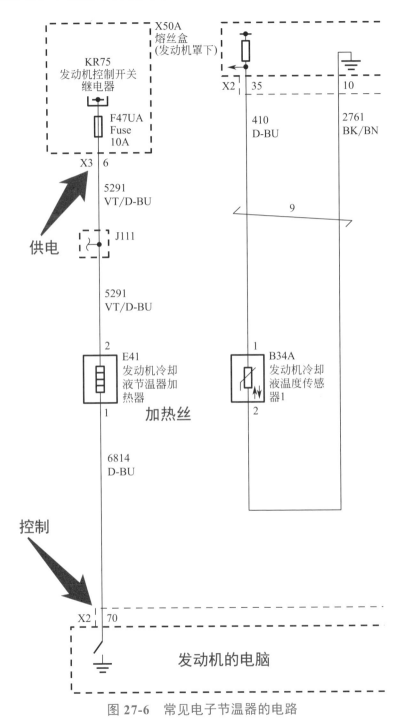

图 27-6 常见电子节温器的电路

目前很多车辆的热管理系统除了使用节温器外，还使用了电子水泵（图27-7）来更好地管理发动机的温度。其控制原理如图27-8所示。

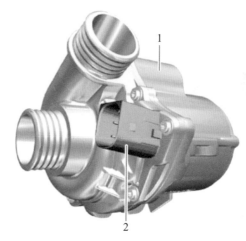

图 27-7　电子水泵

1—电动冷却液泵；2—4芯插头

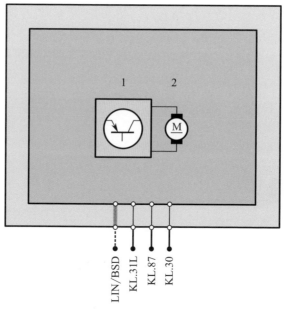

图 27-8　电子水泵控制原理

冷车时，断开电子水泵的控制，水泵电机不旋转（冷车有一个最低转速用作自检），发动机内的冷却液完全不循环，可以更快地暖机。

当水温达到设定温度以后，发动机电脑控制电子水泵可以根据当前发动机负荷及温度传感器信号等因素调节电子水泵的转速来更准确地管理冷却液温度。

电子水泵和传统的机械水泵相比较，区别并不大，只是控制方式不一样。传统水泵是以发动机的动能通过皮带来驱动，而电子水泵是通电后以电机来驱动。

冷却液泵中的电子控制装置对电动马达的功率进行电子控制。电子控制装置通过串行数据接口与发动机控制系统连接。通过总线端KL.30为冷却液泵驱动装置供电。

第四节　双节温器式冷却系统

目前有很多车型的发动机中使用双回路冷却系统冷却发动机。在此系统中，冷却液在不同温度下通过各自的通道流经气缸体和气缸盖。温度调节由节温器壳体中的两个节温器进行控制。相应的冷却液温度因不同发动机而异。如图 27-9 和图 27-10 所示。

双回路冷却系统有如下优点。

❶ 气缸体预热的速度较快，因为冷却液会一直在气缸体中直至温度达到约 105℃。

❷ 由于气缸体中的温度较高，因此曲轴组件中的摩擦力较小。

❸ 由于气缸盖中的温度较低，因此燃烧室的冷却性能更佳。由此减少了爆震倾向并提高了充气效率。

其中一个节温器负责气缸盖的温度管理，在 87℃ 或更高的温度下节温器打开，即打开了从散热器至冷却液泵的通道。在 MPI 发动机中，当冷却液温度为 80℃ 或更高时，节温器即打开。

另外一个节温器负责气缸体的温度管理，在 105℃ 或更高的温度下节温器打开，即打开了从气缸体至散热器的热冷却液通道。

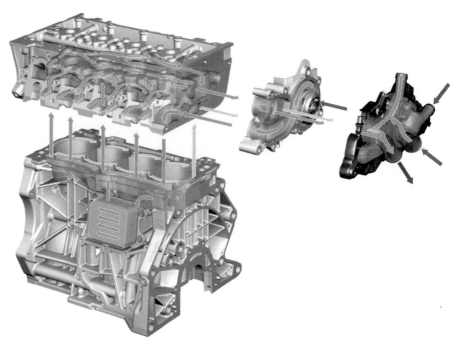

图 27-9 双节温器式冷却系统原理

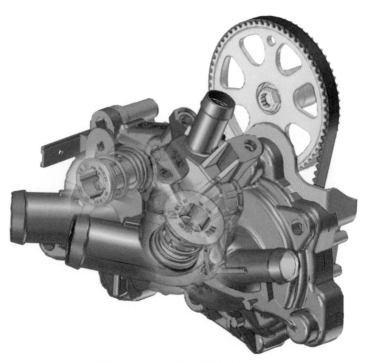

图 27-10 双节温器安装位置

第五节　旋转滑阀式热管理系统

大众第三代发动机使用了全新的旋转滑阀控制发动机的温度，根据温度控制曲线精确控制发动机工作温度。如图 27-11 所示。

旋转滑阀

驱动齿轮

图 27-11　旋转滑阀式热管理系统

旋转滑阀与水泵为一体式，水泵通过同步皮带由发动机曲轴驱动。内部有两个旋转滑阀，分别叫做滑阀 1 滑阀 2。旋转滑阀由一个电机控制其开度来实现冷却液的不同流向，以精确地控制发动机温度。在水泵总成内部还安装有一个普通的石蜡节温器，石蜡节温器在滑阀出现故障时打开，以防止冷却液温度过高。如图 27-12 所示。

发动机冷却控制和热管理系统的核心部件是装在水泵内部的两个旋转滑阀，用于调节冷却液流量。一个电机通过减速装置控制旋转滑阀 1，依次通过齿轮与旋转滑阀 2 连接。旋转滑阀取代了传统的石蜡节温器，能够根据需求将发动机的温度控制在 85 ~ 107℃ 之间随意变化。

如图 27-13 所示，发动机冷却液进入水泵的发动机出液口，经散热器、加热装置、涡轮鼓风机和变速箱后到加热装置，再经涡轮鼓风机、变速箱油回油管以及散热器两个回水管回到水泵。

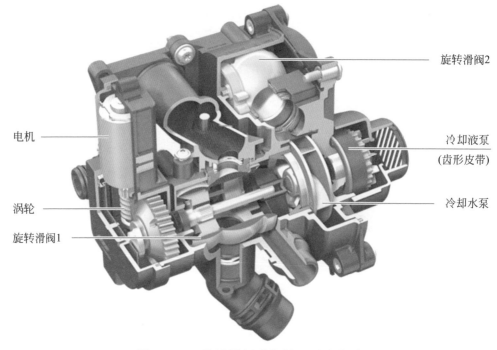

图 27-12　旋转滑阀式热管理系统构造

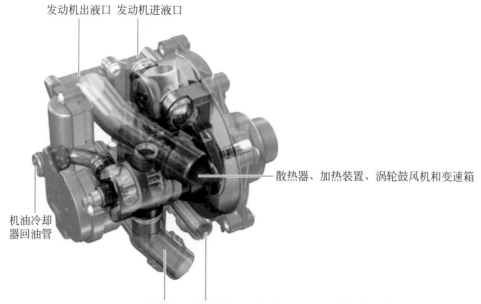

图 27-13　旋转滑阀式热管理系统工作原理

如图 27-14 所示，升温策略如下。

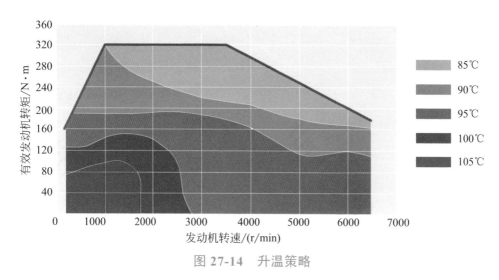

图 27-14　升温策略

在热机过程中，流入发动机的冷却液最初被旋转滑阀 2 完全关闭。所有外部阀门都关闭，冷却液只在发动机内部流动，即常说的小循环。

当驾驶员打开空调加热装置时，无须使用小循环，而是单独使用了一个电子水泵，该回路把来自气缸盖上集成排气歧管的废热进行利用，向空调传递热量。

随着发动机温度进一步升高，旋转滑阀 2 局部打开，产生部分的冷却液流量，以保证充分冷却，并且通过对水的快速加热，减少热机的热损失。最终，在达到规定的水温后，冷却液通过旋转滑阀 1 定向流经发动机机油冷却器，对机油进行加热。在热机过程中，一旦冷却液流经主冷却器，则不可避免地带来热损失。因此，为了保证热效率，主散热器会在所有零部件充分热机后发挥作用。

此热管理系统可以在整个发动机转速负荷区间对冷却液温度进行优化，从而最大限度地降低摩擦损失并提高热效率。在发动机转速和负荷较低时，冷却液调节至 107℃，以将发动机机油回路阻力降到最低。随着负荷和发动机转速的提高，冷却液温度降低到 85℃。平衡机油阻力损失和最佳点火提前角效率（以及爆震控制）之间实现最优化，从而确保发动机热效率的最佳化。旋转滑动模块的高响应速度和热管理系统的高可控性使冷却液温度能够迅速降低，以便在高负荷下保证可靠性。

　　这套热管理系统还有一个特殊的功能，就是在发动机关闭时也能工作。通过对旋转滑动模块的协同控制，让冷却液以一个设定的流量持续通过对冷却液沸腾敏感的气缸盖和涡轮增压器，从而使存储在这些部件中的热量快速排出，故解决了传统涡轮增压器寿命短的问题。

第二十八章
电子扇控制电路

冷却系统的电子扇控制根据其控制原理不同大致可分为温控开关控制式、继电器控制式、模块控制式。根据其控制原理不同，检修方法也不同，下面介绍每种控制方式的控制原理。

第一节　温控开关控制式

温控开关是一个热敏开关，内部集成两组开关。根据其设定温度，一组开关在85℃时开启；另外一组开关在95℃时开启。两组开关分别控制风扇的高低速运转。其电路如图28-1所示。

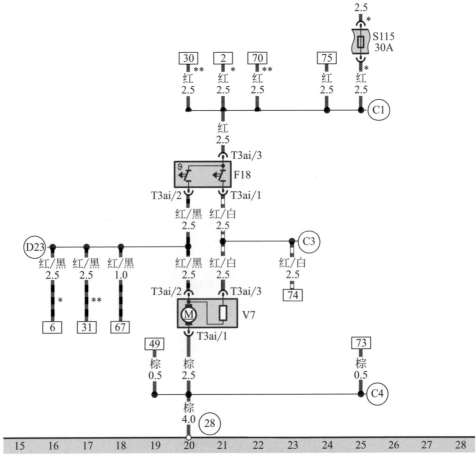

图 28-1　温控开关控制式电子扇控制电路

F18—温控开关；V7—电子扇；S115—主供电保险

当温度上升至 85℃时，F18 低速开关闭合后给 V7 的 3 号脚供电，电子扇低速转。

当温度继续上升至 95℃时，F18 高速开关闭合后给 V7 的 2 号脚供电，电子扇高速转。

第二节　继电器控制式电子扇

由继电器控制的电子扇，其电子扇继电器由发动机电脑根据当前水温传感器反馈的水温信号和目标发动机温度确定是否闭合风扇继电器。

在风扇控制电路上，高低速的实现由两种形式：一种是单风扇通过电阻限流来实现高低速；另一种是双风扇串联低速并联高速实现。

如图 28-2 所示是单风扇带限流电阻的电子扇。一般限流电阻会安装在风扇的集风罩边上通过风扇来扇热。低速时风扇与限流电阻串联，高速时电流不经过限流电阻。

图 28-2　继电器控制式电子扇

如图 28-3 所示为上汽荣威 350 的电子扇控制电路，该车型使用的是单风扇电阻限流的形式。当发动机电脑计算得出需要电子扇低速运转时，则控制发动机控制单元的 50 端子接地，冷却风扇继电器 R6 闭合，电流经 EF13 保险至继电器触点到风扇限流电阻，最后到达电子扇，此时电子扇低速运转。

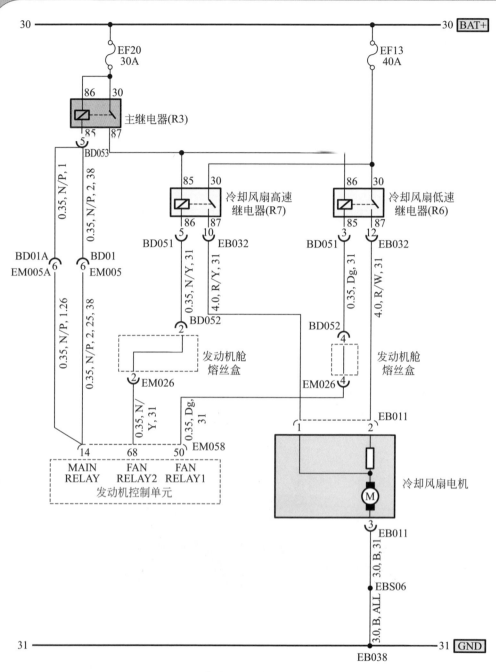

图 28-3　上汽荣威 350 电子扇控制电路（1）

如图 28-4 所示，当发动机电脑计算得出需要电子扇高速运转时，则控制发动机控制单元的 68 端子接地，冷却风扇继电器 R7 闭合，电流经 EF13 保险至继电器触点到达电子扇，此时电子扇高速运转。

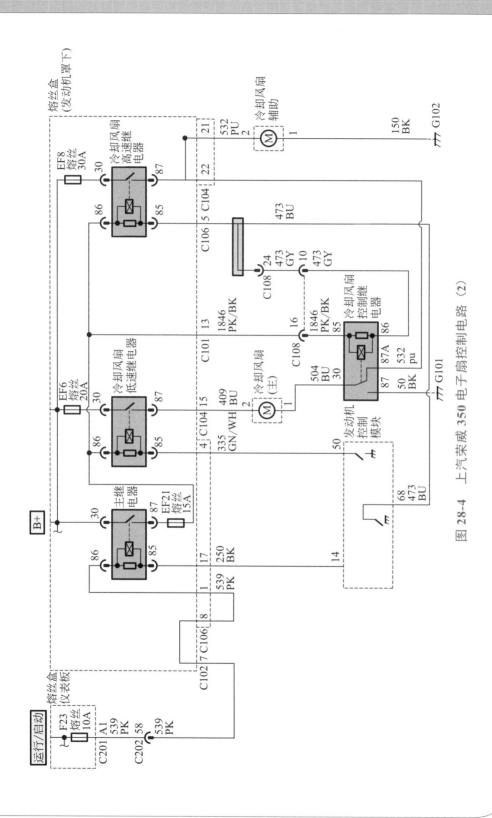

图 28-4　上汽荣威 350 电子扇控制电路（2）

风扇低速实现方法：当风扇需要低速运转时，两个风扇需要串联工作。由冷却风扇控制继电器的常闭触点实现。当电脑需要控制冷却风扇低速运转时，则控制冷却风扇低速继电器闭合。

电流路径为：EF6 保险→冷却风扇低速继电器 30 端子→冷却风扇低速继电器触点→冷却风扇低速继电器 87 端子→冷却风扇（主）2 号端子→冷却风扇（主）1 号端子→冷却风扇控制继电器 30 端子→冷却风扇控制继电器触点→冷却风扇控制继电器 87A 端子→冷却风扇辅助 2 端子→冷却风扇辅助 1 端子→负极。

风扇高速实现方法：当风扇需要高速运转时，两个风扇需要并联工作。由冷却风扇控制继电器的常开触点给冷却风扇（主）搭铁。电脑控制冷却风扇低速继电器闭合、冷却风扇高速继电器闭合，主、辅冷却风扇同时以高速运转。

冷却风扇主电流路径为：EF6 保险→冷却风扇低速继电器 30 端子→冷却风扇低速继电器触点→冷却风扇低速继电器 87 端子→冷却风扇（主）2 号端子→冷却风扇（主）1 号端子→冷却风扇控制继电器 30 端子→冷却风扇控制继电器触点→冷却风扇控制继电器 87 端子→负极。

冷却风扇辅助电流路径为：EF8 保险→冷却风扇高速继电器 30 端子→冷却风扇高速继电器内部触点→冷却风扇高速继电器 87 端子→冷却风扇辅助 2 号端子→冷却风扇辅助 1 号端子→负极。

第三节　占空比控制式电子扇

如图 28-5 所示为大众途安无级调速散热风扇原理。发动机控制单元 J220 主要根据发动机出液口温度传感器 G62 信号、散热器出液口温度传感器 G83 信号以及通过 CAN 总线传来的空调高压压力传感器 G65 信号进行计算，然后输出占空比信号至安装在主散热风扇上的散热风扇控制器 J293，以实现对主散热风扇 V7 和副散热风扇 V35 进行开启及无级调速。

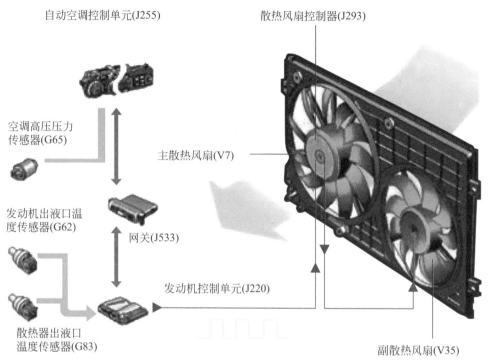

自动空调控制单元(J255)　　　　　散热风扇控制器(J293)

空调高压压力
传感器(G65)

主散热风扇(V7)

发动机出液口温
度传感器(G62)

网关(J533)

发动机控制单元(J220)

散热器出液口
温度传感器(G83)

副散热风扇(V35)

图 28-5　大众途安无级调速散热风扇原理

如图 28-6 所示为途安无级调速散热风扇控制电路。散热风扇控制单元 J293 既接收 J220 的占空比信号，又为散热风扇提供电源和搭铁。J293 导线连接器 T4X 端子 1 为 30 号电源线（红粗线），端子 2 为 15 号电源线（黑细线），端子 3 为占空比控制信号线（绿细线），端子 4 为搭铁线（棕粗线）。

正常情况下，接通点火开关后，J220 会向 J293 发出约 10% 的占空比信号，此时散热风扇不转；发动机工作后，J220 根据 G62、G83 及 G65 的信号发出 10% ～ 90% 的占空比信号，此时散热风扇低速或高速旋转，占空比越大，散热风扇转速越快。在点火开关接通的情况下，若 J293 与 J220 之间的线路出现断路、对搭电源短路的现象，J293 均会控制散热风扇高速旋转。

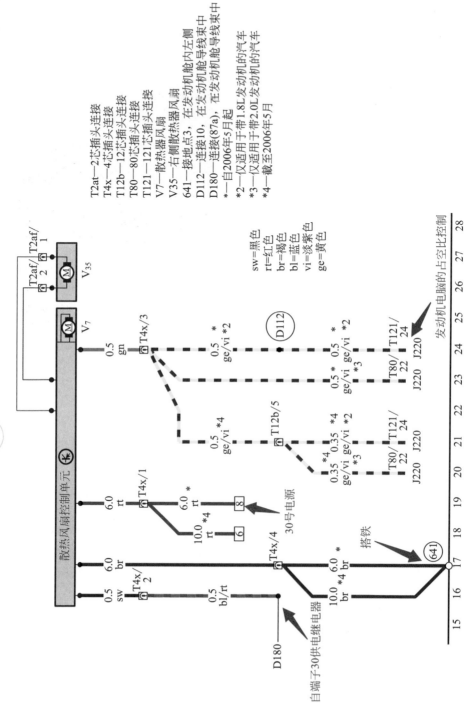

图 28-6 大众途安元级速散热风扇控制电路

T2at—2芯插头连接
T4x—4芯插头连接
T12b—12芯插头连接
T80—80芯插头连接
T121—121芯插头连接
V7—散热器风扇
V35—右侧散热器风扇
641—接地点3，在发动机舱内左侧
D112—连接10，在发动机舱导线束中
D180—连接(87a)，在发动机舱导线束中
*—自2006年5月起
*2—仅适用于带1.8L发动机的汽车
*3—仅适用于带2.0L发动机的汽车
*4—截至2006年5月

sw=黑色
rt=红色
br=褐色
bl=蓝色
vi=淡紫色
ge=黄色

发动机电脑的占空比控制

散热风扇控制单元

30号电源

搭铁

自端子30供电继电器

第四节　LIN 总线控制的电子扇

LIN 总线控制的电子扇如图 28-7 所示。

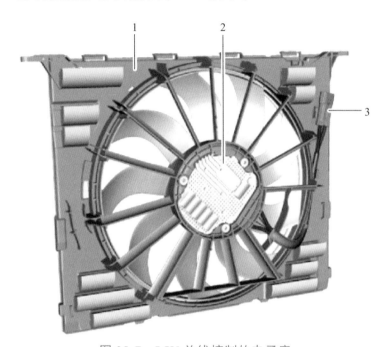

图 28-7　LIN 总线控制的电子扇

1—集风罩；2—电动风扇驱动装置；3—4 芯插头连接

电动风扇驱动装置是一个无刷电机。电动风扇有一个自己的分析电子装置，通俗地说就是一个智能模块。电子分析装置与发动机控制单元之间通过一条 LIN 总线进行通信，发动机控制单元是主控制单元，电子分析装置是从控制单元。发动机控制单元将电动风扇转速指令通过 LIN 总线传输给电子分析装置，电子分析装置根据收到的指令对电动风扇转速进行调节，实现对电动风扇的优化控制。电子分析装置会进行内部诊断，如果识别到某个故障，则尽可能久地保持运行。

如图 28-8 所示是宝马 7 系的电动风扇电路，电动风扇的插头是一个 4 芯插头，如图 28-9 所示。

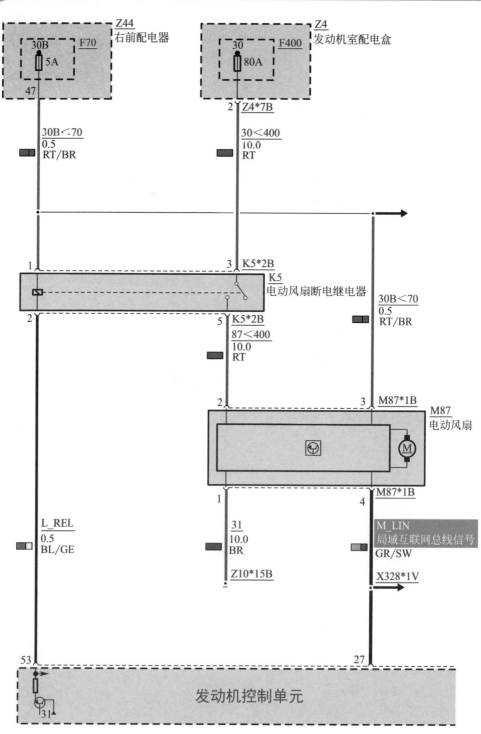

图 28-8　宝马 7 系电动风扇电路

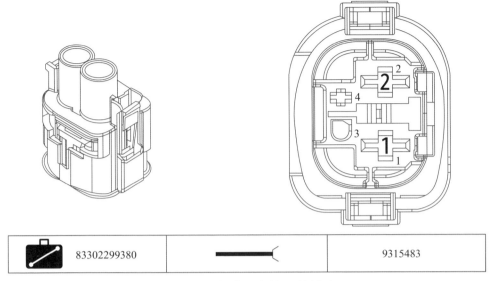

83302299380	⊢———⊣	9315483

图 28-9　电动风扇的 4 芯插头

　　插头的 4 号脚由发动机电脑的 LIN 总线控制，3 号脚为 KL.30B 基础运行，1 号脚为负荷接地，2 号脚为经过风扇断路继电器的 KL.30 蓄电池电压。

欢迎订购化工版汽车图书

书号	书名	定价/元	出版时间
38383	汽车电路原理•识读•检测•维修	99.00	2021.05
38384	汽车传感器从入门到精通	99.00	2021.04
38169	轻松拿驾照新驾考全攻略（配动画演示视频）	69.00	2021.03
37223	汽车维修手册	128.00	2021.01
37715	汽车零部件识别与故障处理大全	99.00	2021.01
38034	奥迪汽车故障维修要点难点解析	128.00	2021.01
37745	汽车驾驶从新手到高手（配动画演示视频）	59.80	2021.01
36842	汽车故障诊断手册	128.00	2020.09
37239	汽车改装技能速成	69.00	2020.09
36741	汽车碰撞查勘定损与修复	88.00	2020.08
36925	汽车电工电路识图•分析•检测•诊断•维修	99.00	2020.05
35992	汽修疑难杂症识别•检测•诊断•分析•排除（配视频）	88.00	2020.05
36176	无人驾驶技术	69.00	2020.05
36200	一学就会的日常驾驶技巧（配动画视频版）	59.80	2020.05
35605	汽车总线系统原理与故障检修	99.00	2020.03
35608	汽车钣金修复与涂装技术	99.00	2020.02
35068	1000项汽车技师实用技能完全掌握	99.00	2020.01
34995	汽车电工从入门到精通	99.00	2019.11
35129	汽车发动机构造原理与诊断维修	88.00	2019.11
34535	1000项汽车电工必会技能完全掌握	99.00	2019.10
34124	汽车空调系统构造原理与拆装维修	69.00	2019.07
34224	汽车防盗原理与编程技术	99.00	2019.07
34436	汽车快修从入门到精通	99.00	2019.07
33612	新能源混合动力汽车常用维修资料速查	88.00	2019.04
33651	新能源纯电动汽车常用维修资料速查	88.00	2019.04
33030	汽车常见故障识别•检测•诊断•分析•排除（配视频）	88.00	2019.01
32944	汽车维修从入门到精通（配视频）	99.00	2018.11
32369	智能交通与无人驾驶	88.00	2018.10
32166	这样学交规 驾照不扣分	49.80	2018.09
32056	汽车控制器与执行器维修百日通	65.00	2018.08
31494	图解电动汽车维修入门与提高	69.00	2018.05
31437	汽车定期维护	59.00	2018.03
30423	汽车知识与探秘（配视频）	39.80	2018.01
27643	新能源汽车关键技术	88.00	2017.01

以上图书由化学工业出版社•汽车出版中心出版。如要以上图书的内容简介和详细目录，或者更多的专业图书信息，请登录 http://www.cip.com.cn 。

地址：北京市东城区青年湖南街 13 号（100011）　购书咨询：010-64518888（传真：010-64519686）

如要出版新著，请与编辑联系。联系电话：010-64519275；联系邮箱：huangying0436@163.com

汽车电控发动机　构造•原理•分析•诊断•维修